Zu diesem Buch

Überlassen Sie Neugier nicht den anderen, die pausenlos etwas von Ihnen wissen wollen: Man fragt Sie nach der Uhrzeit und wie es Ihnen geht. Wenn Sie sich um eine andere Stellung bewerben, fragt man Sie nach Ihrem Lebenslauf, nach Ihren Neigungen und Interessen, nach Ihren Fähigkeiten, nach Ihren Gehaltsvorstellungen und nach der Zahl Ihrer Kinder. Man fragt Sie nach dem Grad Ihrer Intelligenz. Natürlich nicht so plump und direkt. Man läßt Sie Testaufgaben lösen. Kommen Sie indiskreten Fragen nach Ihrer Intelligenz zuvor und prüfen Sie selbst, wie es damit steht. Denn: An ihren Fragen sollt ihr sie erkennen, so könnte man fast sagen, wollte man über die Lernfreude, über die geistige Aufgeschlossenheit eines Menschen etwas aussagen. Vorerst allerdings stellen Intelligenztests diese Frage an die vielgeplagten Probanden.

Dieses Buch will Ihnen Gelegenheit geben, Intelligenztests zu befragen. Sie können dabei aber mehr lernen, als Tests Ihnen beantworten können. Sie werden in erster Linie etwas über sich selbst erfahren. Sie werden daran erinnert, wie gern Sie lernen, wieviel mehr Sie noch lernen können und vor allem: auf welche Weise Sie am besten lernen können.

Die Diplom-Psychologen Werner Kirst (geb. 1931) und Ulrich Diekmeyer (geb. 1940) befassen sich vor allem mit angewandter Psychologie, Pädagogik und Soziologie. Zusammen haben sie Trainingsprogramme, Tests, Bildungsmittel und Lernspiele für Kinder, Jugendliche und Erwachsene entwickelt. Als rororo sachbuch 6827 erschien von ihnen «Creativitätstraining», als rororo sachbuch 6867 «Kontakttraining». Ulrich Diekmeyer ist Autor der Serie «Das Elternbuch», deren sechs Bände sich mit Pflege und Erziehung des Kindes in den ersten sechs Lebensjahren befassen (rororo sachbuch 6951–53 und 6980–82).

Werner Kirst
Ulrich Diekmeyer

Intelligenztraining

Denkspots
und Lernimpulse,
die alle geistigen
Fähigkeiten anregen
und fördern

rororo

Rowohlt

Umschlagbild:
Das Labyrinth veranschaulicht intelligentes Verhalten:
Aufmerksames Beobachten, verschiedene Möglichkeiten logisch gegeneinander abwägen, Entscheidungen herbeiführen, in denen Erfahrungen und Zielabsichten gleichmäßig berücksichtigt sind, und folgerichtiges Handeln führen zum Ziel.

Illustration der Aufgaben und Umschlaggestaltung: Wenzel Schmidt

1.–175. Tausend 1972–1978
176.–183. Tausend März 1979
184.–188. Tausend Dezember 1980
189.–195. Tausend Januar 1982

Veröffentlicht im Rowohlt Taschenbuch Verlag GmbH,
Reinbek bei Hamburg, Januar 1972

Gesamtherstellung Clausen & Bosse, Leck
Composersatz Niko Jessen, Hamburg
Printed in Germany
780-ISBN 3 499 16711 5

**Thelma G. Thurstone
und Louis L. Thurstone
gewidmet**

Inhalt

Das sind die drei Hauptfragen. Dieses Buch enthält 81 Zusatzfragen. Wenn Sie die gelöst haben, sind auch die drei Hauptfragen beantwortet. Also:

Trainieren Sie Ihre Intelligenz

Was ist Intelligenz?

Überlassen Sie Neugier nicht den anderen, die pausenlos etwas von Ihnen wissen wollen: Man fragt Sie nach der Uhrzeit und wie es Ihnen geht. Wenn Sie sich um eine andere Stellung bewerben, fragt man Sie nach Ihrem Lebenslauf, nach Ihren Neigungen und Interessen, nach Ihren Fähigkeiten, nach Ihren Gehaltsvorstellungen und nach der Zahl Ihrer Kinder. Man fragt Sie nach dem Grad Ihrer Intelligenz. Natürlich nicht so plump und direkt. Man läßt Sie Testaufgaben lösen. Kommen Sie indiskreten Fragen nach Ihrer Intelligenz zuvor und prüfen Sie selbst, wie es damit steht. Denn: An ihren Fragen sollt ihr sie erkennen, so könnte man fast sagen, wollte man über die Lernfreude, über die geistige Aufgeschlossenheit eines Menschen etwas aussagen. Vorerst allerdings stellen Intelligenztests diese Frage an die vielgeplagten Probanden.
Dieses Buch will Ihnen Gelegenheit geben, Intelligenztests zu befragen. Sie können dabei aber mehr lernen, als Tests Ihnen beantworten können. Sie werden in erster Linie etwas über sich selbst erfahren. Sie werden daran erinnert, wie gern Sie lernen, wieviel mehr Sie noch lernen können, und vor allem: auf welche Weise Sie am besten lernen können. Das wichtigste Werkzeug der menschlichen Lernfreude ist die Intelligenz. Sie ermöglicht es dem Menschen, ganze Welträume zu durchmessen, die Zeit vor- und zurückzudrehen. Sie hilft ihm, mit den unerwarteten Tücken des Alltags ebenso fertig zu werden wie mit ganzen Problemfeldern einzelner Wissensbereiche. Sie erst ermöglicht es dem Menschen, aus seinen Anlagen Leistungen hervorzubringen, die sein Leben tragen und über das Hier und Jetzt hinausführen.
Die Intelligenz eines Menschen ist keine schicksalhafte Größe. Jeder ist für seine Intelligenz selbst zuständig, denn: Intelligenz ist trainierbar. Es muß nicht dem Zufall überlassen bleiben, wie intelligent ein Mensch ist. Finden Sie neue Freude am Lernen. Lernen Sie, immer sinnvoller mit Ihrer Neugier umzugehen. Mit anderen Worten: Werden Sie intelligenter; denn Erfolg und Leistung eines Menschen sind direkte Funktionen seiner Intelligenz. Und noch mehr: Ihre Leistungen und Ihr Erfolg steigen sogar immer rascher, je intelligenter Sie werden.
Intelligentes Verhalten ist immer zugleich auch ökonomisches Verhalten. Intelligentes Leben ist erfülltes Leben. Der intelligente Mensch hat mehr Entfaltungsmöglichkeiten und findet damit einen größeren Anteil am Leben und an der Kultur seiner Zeit.

Warum wollen Sie intelligent sein?

Begabung wurde bisher allgemein angesehen als die Summe aller Anlagen, die ein Mensch bei seiner Geburt mit auf die Welt bringt. Übereinstimmend mit den Annahmen der Wissenschaftler waren wir bis vor wenigen Jahren der Überzeugung, daß sich die Begabung bei jedem von uns im Laufe des Wachstums und seiner Entwicklung so entfaltet, wie es in dieser Begabung für ihn eben angelegt sei. Man nahm an, dieses Reifen sei vor allem eine Frage der Zeit. Und in einem gewissen Alter erreiche der Mensch eben seine ihm vorgegebene Intelligenz. Und zwar so oder so, ganz gleich, was auch kommen möge.

Wir wissen heute, daß diese Annahme falsch ist, daß sie von falschen Voraussetzungen ausgeht. Wissenschaftler haben inzwischen nämlich nach umfangreichen Forschungen eine neue Ansicht über die Begabung des Menschen entwickelt. Diese neue Ansicht deckt sich mit vielen Erfahrungen aus dem Alltag, aus Familie, Schule und Beruf. Sie hat alle Aussichten, viele der noch gültigen Grundannahmen in diesen Lebensbereichen ernsthaft in Frage zu stellen.

Unser Intelligenztraining geht von dieser neuen Sichtweise aus, in der uns der Begriff Begabung jetzt erscheinen muß. Begabung, so werden wir künftig sagen müssen, bezeichnet nicht länger einen Vorrat verschiedenster Leistungsfähigkeiten, des Könnens schlechthin. Begabung ist vielmehr ein Vorgang. Und der beginnt mit der Geburt, eigentlich schon vor der Geburt eines Menschen. Er umfaßt die Voraussetzung seiner allgemeinen Lernfähigkeit einerseits und die im Laufe der Zeit sich ansammelnden Lernerfahrungen in seinen verschiedensten Lern- und Erlebnisbereichen andererseits. Was dabei herauskommt, das nennen wir dann die Tüchtigkeit, oder genauer, die vielen verschiedenen Tüchtigkeiten eines Menschen. Denken wir zum Beispiel an die musikalische Begabung. Aus vielen wissenschaftlichen Untersuchungen wissen wir ebenso wie aus den Erfahrungen mit Musikschülern, daß es sich hierbei nicht um etwas handeln kann, das entweder vorhanden ist (und zwar von Anfang an in ganz bestimmter und immer reifer werdender Form) oder aber nicht vorhanden ist (und dann auch niemals und unter gar keinen Umständen entfaltet werden kann). Nein, es verhält sich doch etwas komplizierter mit dieser musikalischen Begabung. Mit ganz wenigen Ausnahmen dürften alle Menschen für nahezu alle Lernbereiche, also auch für den musikalischen, eine allgemeine Lernbereitschaft in ihren Anlagen mit zur Welt bringen. Art und Umfang der musikalischen Erfahrungen während der ersten Lebensjahre des Menschen bestimmen dann die Entfaltung seiner Fähigkeiten im musikalischen Bereich. Seine Begabung entsteht in diesem ersten Lebensabschnitt sozusagen im Dialog seiner Lernbereitschaft mit den ganz bestimmten Erfahrungen oder

Lernangeboten, die seine Umwelt für ihn bereithält. Viele und gut abgewogene musikalische Erfahrungen führen deshalb einfach zu einer besseren musikalischen Begabung. Wir sehen: Begabung ist das Ergebnis einer langen Kette günstiger Lernschritte.

Nun ist es aber nicht so, daß der Alltag uns im „natürlichen Lernen" überall dort bildet, wo unser Wissensdurst und unsere Interessen angesprochen werden, kurz: überall dort, wo wir lernen, ohne es eigentlich direkt zu beabsichtigen. So lernen wir zum Beispiel einen neuen Schlagertext ganz im Vorbeigehen. Wenigstens zehn Werbeslogans kann jeder von uns auswendig hersagen, ohne sich überhaupt zu erinnern, bei welcher Gelegenheit er sie aufgeschnappt hat. Nun, sie sind schließlich auch so gemacht, daß sie uns wie Honig eingehen. So lernen wir also stets und ständig – und werden doch nicht viel klüger dabei. Das liegt einfach daran, daß diese Lerninhalte weder aufeinander abgestimmt noch besonders sinnvoll sind. Und übrigens auch daran, daß sie nichts für uns bedeuten. Schließlich vergessen wir denn auch vieles von diesen Lerninhalten wieder. Und das ist vielleicht auch recht gut so.

Da sieht es schon ganz anders aus bei unseren Hobbies. Was lernt doch ein Kurzwellenamateur alles, um in seinem Hobby vorne dranzubleiben! Ihm kommt einerseits sein Interesse und andererseits die Logik des Sachzusammenhangs, des Gebietes, in das er sich immer mehr einspielt, sehr zu Hilfe. Für ihn spielen drei Dinge tatsächlich eine große Rolle: eben die Abstimmung der Lerninhalte aufeinander, ihr sinnvoller Gehalt und schließlich die Bedeutung, die sie für den Kurzwellenamateur haben. Und so kommt es, daß der Kurzwellenamateur wirklich ständig ein wenig klüger wird, wenn er sich mit seinem Hobby beschäftigt. Ihm geht es ähnlich wie dem interessierten Schüler im vernünftigen Unterricht. Er steigert tatsächlich seine Intelligenz immer und immerzu. Natürlich nur um geringe Beträge gegenüber einem kleinen Kind, das ja seine Lernstoffe mit viel größerer Intensität aufnimmt. Und das tatsächlich auch eine bedeutend größere Lernfähigkeit besitzt als der interessierteste Schüler oder der Kurzwellenamateur, von dem wir eben gesprochen haben.

Kind, Schüler und Funkamateur veranschaulichen uns aber noch etwas anderes, das uns viel Mut zum Intelligenztraining gibt. Denn sie trainieren ihre Intelligenz in der Tat erfolgreich. Und die Einsichten der Intelligenzforscher sagen uns einstimmig, daß die Intelligenz des Menschen sich bis etwa in sein 16. Lebensjahr merklich steigert, danach aber wenig oder gar nicht mehr. Das ist ein statistisches Durchschnittsalter. Und es gibt uns nichts anderes an als den Durchschnittswert des Schulabganges, bezogen auf eine große, repräsentative Bevölkerungsstichprobe.

Das besagt: Intelligenz entwickelt sich und läßt sich steigern, solange wir sie im konsequenten Lernen herausfordern. Und tatsächlich steigt die

Intelligenz auch bei denjenigen über diesen Alterszeitpunkt hinaus noch an, die länger in die Schule oder danach noch auf die Universität gehen. Und danach hört es auch bei diesen wenigen mit dem Intelligenzanstieg auf. Weil sich ihre Intelligenz nun mehr mit Routine als mit neuartigen Aufgaben beschäftigen muß.

Begabung, so sagten wir, ist nichts anderes als das Ergebnis einer langen Kette günstiger Lernschritte. Des Lernens in neuartigen, vor allem eben ungewohnten Situationen, so müssen wir jetzt hinzufügen. Und so dürfen wir zusammenfassen: Es liegt wirklich an uns selbst, mit welcher Begabung wir uns zufriedengeben, wie lange wir unsere Intelligenz fördern wollen.

Zugegeben: Das ist einfacher gesagt als getan. Und wir müssen uns schon dafür einsetzen, wenn wir über das 16. Lebensjahr hinaus intelligenter werden wollen. In einem Alter also, in dem unser „natürliches Lernen“ allein bei weitem nicht mehr ausreicht und wo Schule und Berufsausbildung womöglich auch bereits hinter uns liegen. Wir müssen unsere Lernbereitschaft nur bewußt und planmäßig immer wieder in neuartige Situationen bringen. Und in der Auseinandersetzung mit den ungewohnten Anforderungen steigern wir unsere Intelligenz, arbeiten wir an unserer Begabung. In Abwandlung eines an sich recht unseligen Sprichwortes können wir dann auch sagen: Das Training ist nichts anderes als eine Fortsetzung des „natürlichen Lernens“ mit wirkungsvollen Mitteln. Im Training setzen wir uns nämlich planmäßig den Anforderungen ungewohnter Situationen aus. Das ist beim Training im Sport nicht anders als im Intelligenztraining. Wir planen ganz einfach einen Leistungsanstieg und arbeiten nach diesem Plan, bis wir uns dem Ziel genügend weit genähert haben. Oder wir geben unter der Zeit auf – so wird manch einer einwenden. Nun, dann hat entweder der Plan nicht gestimmt oder das Ziel oder wir selbst während des Trainings nicht. So kommt es denn auf dreierlei an beim erfolgreichen Trainieren:

Bestimmen Sie Ihr Ziel klar und deutlich und lernen Sie Ihre eigenen Erwartungen gut kennen.
Wählen Sie Ihr Trainingsfeld nach dem Ziel aus, das Ihnen vorschwebt, und nach Ihren Erwartungen – gewöhnen Sie sich gründlich an die Welt des Trainings.
Bewerten Sie jeden Trainingsschritt im Hinblick auf Ihr Trainingsziel und nach Ihren eigenen Erwartungen sowie nach den Regeln des Trainings; beobachten Sie auch, wie Sie regelmäßig vorankommen.

Denken wir daran: Jede neue Frage, die an uns herangetragen wird, trainiert unsere Intelligenz. Es kommt nur darauf an, sich möglichst vielen neuen Fragen zu stellen. Gewohnheit und Routine sind die Gegner intelligenten Verhaltens. Wer sich gewöhnt hat, fragt nicht mehr.

Wer nicht fragt, findet keine neue Antwort und gibt sich mit dem zufrieden, was er zu wissen glaubt.
Mit der Intelligenz geht es nur voran durch immer neue Fragen. Und die wichtigste Frage ist, sich selbst in Frage zu stellen. Gestalten Sie deshalb jeden Tag zu einem kleinen Training. Lassen Sie das Intelligenztraining zu einem Teil Ihres Alltags und zu einer Selbstverständlichkeit werden, so werden Sie täglich etwas intelligenter.

Wie werden Sie intelligent?

Das Intelligenztraining sollte wie das Konditionstraining eines Sportlers täglich durchgeführt werden. Es führt kaum zu wesentlich besseren Leistungen, wenn Sie mehr als zweimal 20 Minuten hintereinander üben.

Schaffen Sie zuerst alle Voraussetzungen für konzentriertes Arbeiten: Ruhe, keine Störungen, Frischsein.
Nehmen Sie nach Möglichkeit nicht mehr als zwei – höchstens fünf – Aufgabentypen auf einmal vor.
Lassen Sie sich Zeit bei den Aufgaben – zu Anfang wenigstens. Besser langsam und richtig als schnell und falsch (am besten: schnell und richtig).
Messen Sie die Zeit, die Sie für eine Hälfte je Aufgabentyp benötigen. Für die zweite Hälfte versuchen Sie dann etwas weniger Zeit zu brauchen.
Suchen Sie nach dem optimalen Lösungsweg. Der erste ist nicht immer der beste. Überlegen Sie sich, weshalb richtige Lösungen richtig, falsche hingegen falsch sind. Suchen Sie selbst nach weiteren Aufgaben. Dann trainieren Sie auch Ihr schöpferisches Denken.
Merken Sie sich alle Aufgaben, die Ihnen einmal schwergefallen sind. Nach einigen Monaten gehen Sie noch einmal daran – dann geht's schon viel leichter.
Versuchen Sie, die gelösten Aufgaben bei der Wiederholung möglichst rasch – mit Stoppuhr natürlich! – zu bearbeiten.
Benützen Sie jede Gelegenheit, diese und ähnliche Aufgaben mit Freunden gemeinsam durchzusprechen: Zunächst „testen" Sie sich gegenseitig damit, dann unterhalten Sie sich über die richtigen und über die falschen Lösungen und die von Ihnen gewählten Lösungsstrategien.
Betrachten Sie nun Ihr Intelligenztraining als ein interessantes Hobby, dem Sie sich entspannt und doch voll zuwenden.

Ihnen stehen fünf Trainingspläne zur Auswahl. Lesen Sie am besten zunächst diese fünf Steckbriefe. Dann wissen Sie, worum es in jedem

Training geht. Wählen Sie das aus, das Ihnen am besten entspricht. Sie können natürlich auch mehrere Trainingspläne nacheinander durchführen.

1. Grundtraining

Sie trainieren fünfunddreißigmal in sieben Wochen. Jede Woche also fünfmal. Dann haben Sie jeden Trainingsschritt einmal gemacht. Halten Sie sich einfach an die Beschreibungen, lesen Sie sozusagen das ganze Intelligenztraining wie ein Buch hintereinander.
Tabelle A (Seite 130) gibt Ihnen den Überblick: Sie wissen immer, wie weit Sie gekommen sind und was noch vor Ihnen liegt. So trainieren Sie alle wichtigen Leistungsbereiche Ihrer Intelligenz.

2. Intensivtraining

In zwölf Wochen durch das Buch: So trainieren Sie fünf Tage in der Woche mit Intervallen.
Halten Sie sich an den Plan in Tabelle B (Seite 131). Dort sind die Aufgaben für jeden Tag genannt. So bearbeiten Sie alle Trainingsschritte zweimal nacheinander. Sie messen Ihren Zeitbedarf beim ersten- und unterbieten ihn beim zweitenmal.

3. Dynamisches Training

Machen Sie drei aus eins: drei Trainingsläufe durch das Buch. Vier Wochen brauchen Sie für jeden Durchgang. Beim erstenmal befassen Sie sich mit den Einführungsaufgaben in jedem Trainingsschritt; beim zweitenmal vertiefen Sie Ihre Erfahrungen; beim drittenmal feilen Sie Ihre Fähigkeiten erfolgreich aus.
Halten Sie sich an den Plan in Tabelle C (Seite 132). Dort sind die Aufgaben für jeden Tag genannt. So bearbeiten Sie alle Trainingsschritte in drei Stufen. Am besten natürlich, wenn Sie dieses Training von Zeit zu Zeit einmal wiederholen können: Ein Training, das Ihre Intelligenz dynamisch macht.

4. Konditionstraining

Trainieren Sie ein Intelligenz-Trimester lang: Hierbei begegnet Ihnen jeder Lernschritt dreimal. In 18 Wochen verbessern Sie Ihre Intelligenz-Kondition sichtlich. Sie erleben Ihren Fortschritt selbst, lernen das Grundmuster aller Aufgabenmodelle kennen und erwerben Denkformen, um Probleme mit einem Blick zu durchschauen.

Der Unitutor, ein Lesegerät: Dynamische Informationsaufnahme ist ökonomisch und effektiv für den Lernenden.

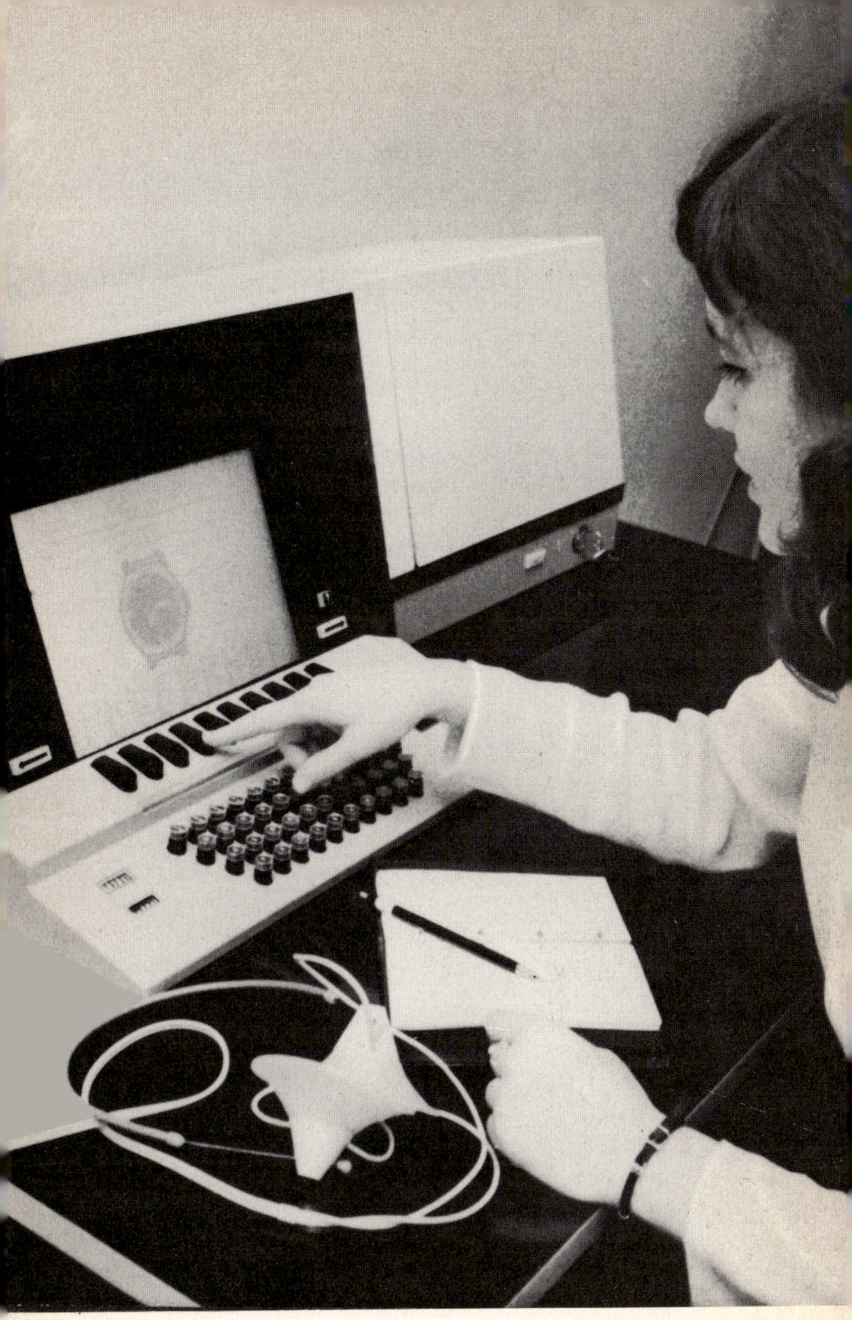

Halten Sie sich an den Plan in Tabelle D (Seite 133). Dort sind die Aufgaben für jeden Tag genannt. Bei jeder Wiederholung kommen Sie schneller zurecht. Und doch verlangt jeder Trainingstag andere Leistungen von Ihnen.

5. Systemtraining

Lernen Sie Ihren Leistungsschwerpunkt kennen. Stocken Sie auf, wo es nötig ist. Hier finden Sie Trainingsschritte für die sechs wichtigsten Leistungsschwerpunkte Ihrer Intelligenz. Sie können die Schwerpunkte auch miteinander kombinieren. Dann ergeben sich mehr als dreißig Spezialbegabungen. So trainieren Sie ganz nach Ihren persönlichen Bedürfnissen und Wünschen.
Halten Sie sich an den Plan in Tabelle E (Seite 134). Dort lesen Sie, welche Trainingsschritte sich für jeden Bereich am besten eignen. Für jeden Bereich finden Sie die Aufgaben einer Woche hintereinander. So können Sie jeden Bereich mehrere Wochen lang durchtrainieren. Oder in jeder Woche den Schwerpunkt auf einen anderen Bereich legen.

Erstes Trainingsfeld

Wenn Sie morgens beim Rasieren vor dem Spiegel stehen, verschwenden Sie dann Ihre Gedanken nicht daran, daß die Natur Sie ruhig ein bißchen schöner hätte machen können. Beginnen Sie mit dem Intelligenztraining: Die Art und Weise, wie Sie sich einseifen – ist das eigentlich die rationellste, ökonomischste, sprich: intelligenteste Art und Weise des Einseifens? Läßt sich da etwas verbessern?

Lachen Sie nicht. Im weiteren Verlauf des Tages werden ganz andere Anforderungen an Ihre Intelligenz gestellt. Also lachen Sie vielleicht doch lieber (aber Vorsicht, Sie könnten sich schneiden!).

Und dann nehmen Sie sich vor, Ihrem Arbeitgeber ein bißchen Zeit zu stehlen. Zeit, die Sie dringend für sich selber brauchen. Schaltpause. In Wirklichkeit kommt sie ja doch wieder Ihrer Arbeit zugute.

1 Bilderlotto

*

Einen Bekannten im Straßenanzug zu erkennen ist nicht weiter schwierig. Anders ist es im Fasching, wenn die Leute sich verkleiden. Üben Sie Ihre Fähigkeit, auch ungewohnte Bilder zu identifizieren und zu verstehen. Das fördert die sachbezogene Abteilung der Phantasie, die Auffassungs- und Beobachtungsgabe.

Finden Sie heraus, aus welchen Bildern der folgenden beiden Seiten die 18 Bildausschnitte der Seite 20 stammen.

* Die Erklärung der Symbole finden Sie auf Seite 127

1

2

3

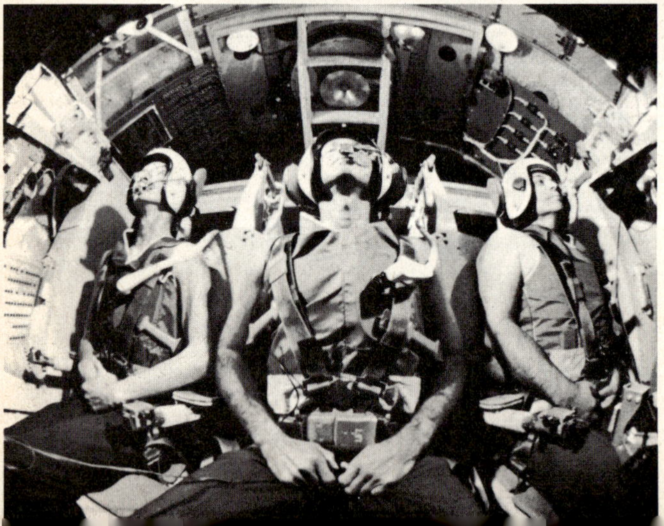

4

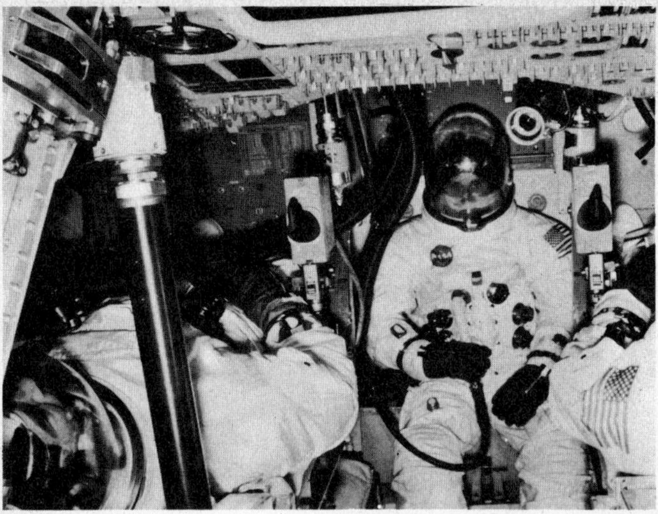

5

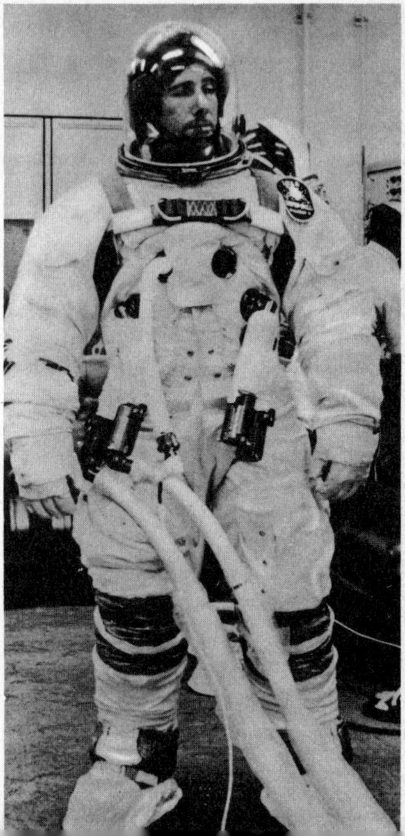

2 Berufsbilder

Spielen Sie Berufsberater. Für jeden Bekannten und Freund suchen Sie einen geeigneten Beruf. Gehen Sie davon aus, welche fünf Eigenschaften und Fähigkeiten „er" oder „sie" haben sollte! Gleichzeitig üben Sie sich darin, Ihre Bekannten richtig einzuschätzen. Haben sie alle den geeigneten Beruf erlernt?

Ein Bekannter oder Freund möchte:
Unternehmensleiter werden. Welche Eigenschaften und Fähigkeiten sollte er haben?
Psychotherapeut werden. Welche . . .?
Zahnarzt werden
Manager werden
Richter werden
Sportlehrer werden
Schlagerstar werden
Minister werden
Vertreter für Damen-Oberbekleidung werden
Rechtsanwalt werden
Kraftfahrzeugkonstrukteur werden
Fotograf werden

3 Formenspiele

Haben Kinder mehr Phantasie als Erwachsene? Ein Kind baut aus gleichförmigen Bauklötzen Häuser, Schiffe, Tiere, Autos. Lassen Sie Ihre Phantasie nicht verkümmern, sondern trainieren Sie sie. Sie brauchen sie nämlich täglich: Wenn Sie ein Kleid oder eine Krawatte kaufen, wenn Sie eine Tapete aussuchen oder wenn Sie dem Architekten beschreiben, wie das Haus aussieht, das er Ihnen entwerfen soll.

Zeichnen Sie:

Aus beliebig vielen gleich großen Kreisen
ein Pferd
ein Gesicht
ein Segelboot
ein Bild nach Ihrer Wahl

Aus beliebig vielen gleich großen Rechtecken
ein Haus
einen Wagen
einen Menschen
ein Bild nach Ihrer Wahl

Aus beliebig vielen gleich großen Quadraten
einen Hund
einen Adler
eine Kirche
ein Bild nach Ihrer Wahl

Zum Beispiel

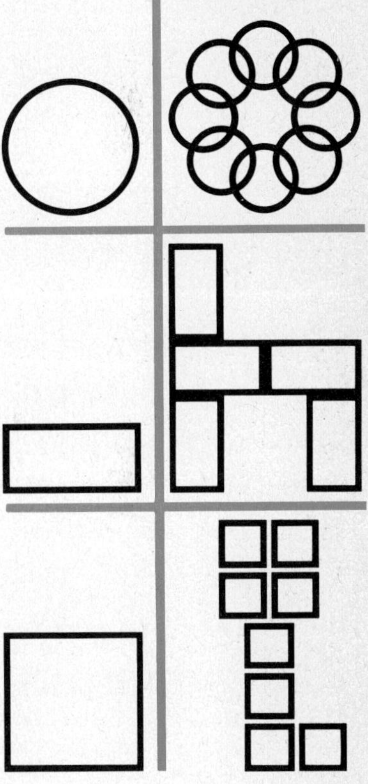

4 Verdrehte Witze

Wenn Sie Ihren Kindern eine Gute-Nacht-Geschichte erfinden, wenn Sie Witze erzählen, wenn Sie ein Referat halten, wenn Sie einen Arbeitsbericht verfassen, haben Sie dann immer die logische Abfolge aller wichtigen Punkte im Kopf? Üben Sie hier an vergleichsweise harmlosen Beispielen, was Sie sowieso täglich tun müssen: Logische Gedankenketten bilden. In den folgenden Witzen wurde die Reihenfolge der Sätze vertauscht. Können Sie die Witze richtig erzählen?

1

a Alle Zähne sollen dir herausfallen!
b für Zahnweh.
c Nur einer soll dir bleiben:

2

a „Wieviel kostet der Schinken?"
b Der Jude erhebt beschwichtigend seine Augen zum Himmel und sagt:
c Ein Jude kommt in ein Delikatessengeschäft und fragt:
d „Na, fragen wird man doch noch dürfen!"
e Draußen zieht ein Gewitter auf, und im gleichen Augenblick gibt es einen mächtigen Donnerschlag.

3

a „No na – wohnen werd' ich da!"
b Der andere merkt es gar nicht, geht zunächst noch redend weiter.
c „Bist du da hinuntergefallen?"
d Plötzlich fällt einer von ihnen in einen offenen Kanalschacht.
e Schließlich merkt er es doch, geht zurück und findet seinen Genossen im Kanal stecken.
f Zwei Juden im eifrigen Gespräch.

4

a „Nein, Sie kommen darum",
b antwortete Saphir.
c Am nächsten Tag meldete sich Saphir in Rothschilds Kontor.
d „Ah – Sie kommen um Ihr Geld", sagte Rothschild.
e Auf einer Gesellschaft hatte der reiche Baron Rothschild Saphir versprochen, ihm hundert Gulden zu leihen.

5 Plus und minus

Werden Sie ein Meisterjongleur! Sie können sogar während der Bürozeit trainieren, weil Sie weder Manege noch Bälle oder Hanteln brauchen. Sie jonglieren mit den vier Rechenzeichen „plus" (+), „minus" (–), „mal" (·) und „geteilt durch" (:).

Zwischen den Zahlen der folgenden Reihen fehlt jeweils eines dieser Zeichen. Wenn Sie alle Zeichen richtig eingesetzt haben, dann muß die Rechenoperation links vom Gleichheitszeichen die Zahl ergeben, die rechts vom Gleichheitszeichen steht.

Zwei Hinweise: Beim Multiplizieren (·) ergeben sich gewöhnlich größere Zahlen als beim Addieren (+), beim Dividieren (:) kleinere als beim Subtrahieren (–). Außerdem: Multiplikation und Division sind sozusagen vornehmere Rechenarten als Addition und Subtraktion; Sie müssen also zuerst multiplizieren beziehungsweise dividieren, dann erst addieren beziehungsweise subtrahieren.

Achtung! Bitte einführenden Text genau lesen! Was man für Druckfehler hält, sind oft Denkfehler.

1					1	1	=	2
2					1	1	=	1
3				5	2	3	=	4
4				5	2	3	=	0
5				3	2	6	=	12
6				8	2	3	=	12
7			1	2	3	4	=	4
8		18	2	3	8	4	=	14
9		13	7	6	21	2	=	13
10		4	3	11	100	10	=	11
11		16	1	15	2	14	=	2
12		25	16	9	4	1	=	14
13	18	12	12	18	10	14	=	36
14	26	25	8	15	30	18	=	658
15	10	8	13	6	17	6	=	25

6 Lückenbüßer

Warum soll man diese Fähigkeit eigentlich nur für bestimmte Gesellschaftsspiele gebrauchen: Das richtige Wort an den richtigen Platz zu setzen? Wenn Sie diese Fähigkeit auch im Alltag einsetzen, sind Sie Kollegen und Konkurrenten immer eine Nasenlänge voraus.
Hier können Sie sich üben:

Dann ging ein Beamter durch den , und Fabian erkundigte sich, geworden, ob er Aussicht habe, hier abgefertigt zu werden. Der fragte nach dem Ausweis des regionalen . „Sie haben sich noch nicht gemeldet? Das müssen Sie vorher ."
„Jetzt geh' ich wieder dorthin, wo ich vor fünf Stunden die Tournee begonnen habe", Fabian. Aber der war nicht mehr .
„Die Bedienung ist zwar ", meinte der Jüngling, „aber daß die Auskünfte immer stimmen, kann kein Mensch behaupten."
fuhr mit dem Autobus zu dem Arbeitsamt seines Wohnbezirks. Er hatte bereits eine Fahrgeld verbraucht und blickte vor nicht aus dem . Als er ankam, war das geschlossen. „Zeigen Sie mal Ihre Papiere her", sagte der Portier. „Vielleicht kann ich Ihnen sein." Fabian gab dem Biedermann das Zettelpaket. „Aha", erklärte der Türsteher nach eingehender
„Sie sind ja gar nicht arbeitslos."
Fabian setzte sich auf bronzenen Meilensteine, welche die Einfahrt .
„Sie haben bis zum Monatsende gewissermaßen bezahlten Urlaub. Das Geld haben Sie doch von Ihrer erhalten? "
nickte.
„Dann kommen Sie mal in vierzehn wieder", schlug der andere vor. „Bis dahin können Sie es ja mit Bewerbungsschreiben
Lesen Sie die Stellenangebote in den . Viel hat es nicht, aber man soll's nicht ."
„Glückliche Reise", sprach Fabian, nahm die in Empfang und begab sich in den , wo er ein paar Brötchen verzehren wollte. Zu guter Letzt er sie aber an die , die mit ihren im Neuen See spazierenfuhren.

Einfallsreiche Versuchsplanung und kontinuierliches Forschen trainieren die Arbeitshaltung und führen zu immer interessanteren Fragen.

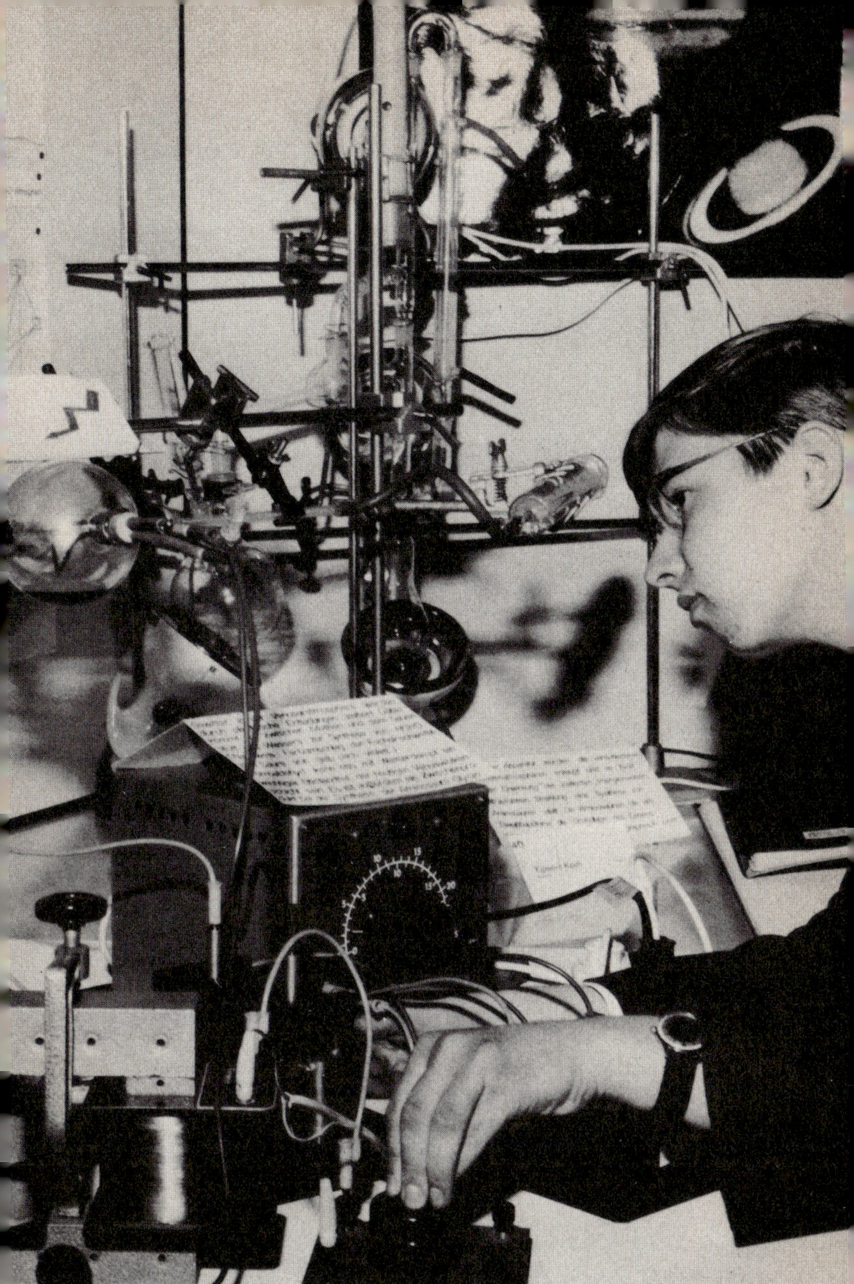

7 Figurendreh

Haben Sie Spaß an neuen Formen, auch wenn es sich nicht um Mädchen handelt? Dann finden Sie aus den folgenden Gruppen jeweils das gleiche, mehrfach vorhandene Zeichen heraus. So entwickeln Sie Ihr Vorstellungsvermögen und lernen, eine neue Form schnell zu erkennen und sich zu merken.

A, B Wo finden Sie die Form **a** und wo die Form **b** wieder?
C Wo finden Sie die Formen **a, b, c** und **d** wieder?
D, E Welche Formen sind gleich?

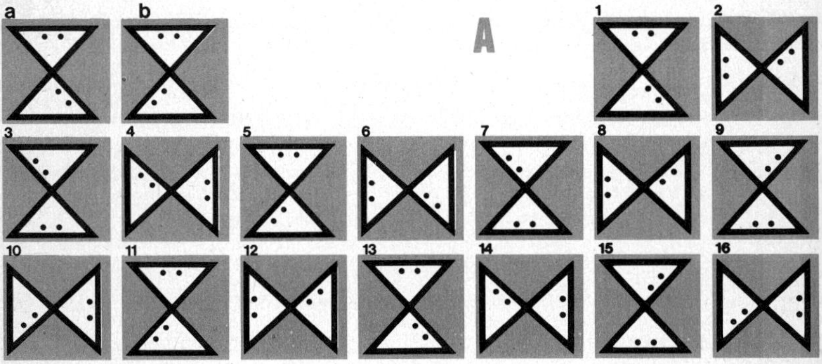

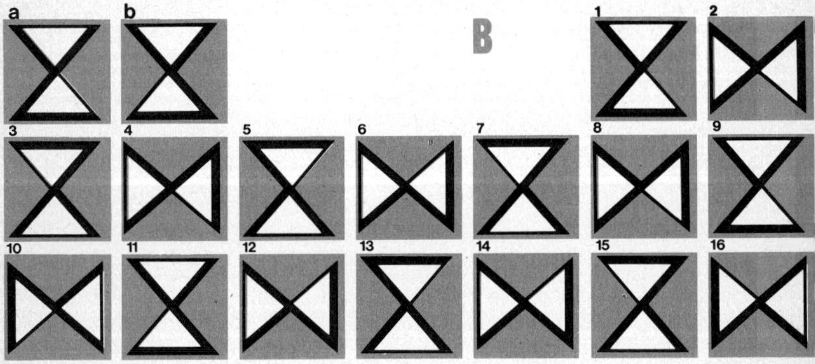

C

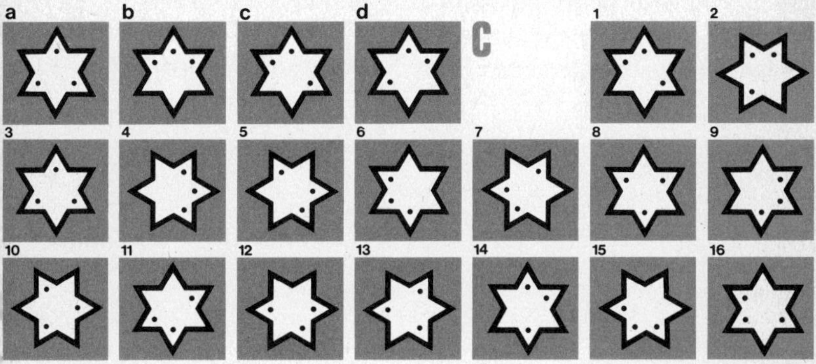
a
b
c
d
1
2
3
4
5
6
7
8
9
10
11
12
13
14
15
16

D

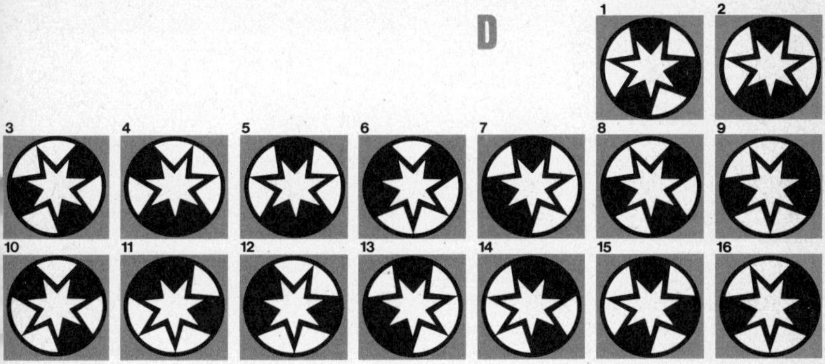
1
2
3
4
5
6
7
8
9
10
11
12
13
14
15
16

E

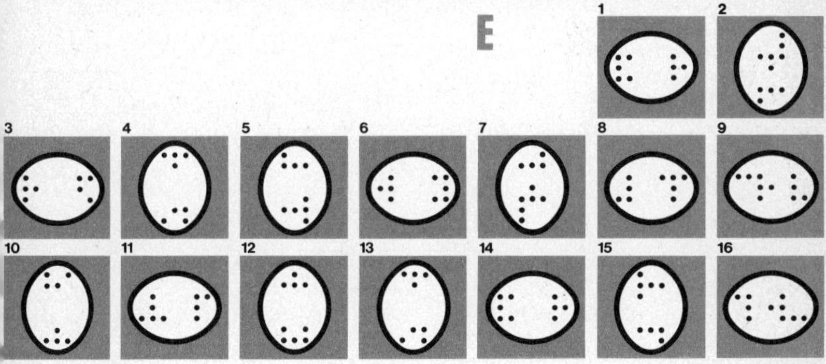
1
2
3
4
5
6
7
8
9
10
11
12
13
14
15
16

8 Redensarten

Für alle Wechselfälle des Lebens gibt es ein Sprichwort, und wenn es ein chinesisches ist. Gehen Sie vom ersten Sprichwort aus und stellen Sie sich eine Situation vor, auf die es zutrifft. Welches der vorgeschlagenen anderen Sprichwörter würde diesen Zusammenhang fast ebenso gut beschreiben? Finden Sie jeweils zwei Ersatz-Sprichwörter und bedenken Sie: Es ist ungeheuer peinlich, wenn man in Gesellschaft glänzen will, aber zum falschen Sprichwort greift!

1 Wer sich heute freuen kann, soll nicht bis morgen warten.

a Ein Heute ist besser denn zehn Morgen.

b Ein guter Tag fängt morgens an.

c Wer hinter mehreren Hasen herläuft, fängt keinen.

d Einen Tag in Muße zu verleben heißt einen Tag lang ein Unsterblicher zu sein.

2 Ein Löffel voll Tat ist besser als ein Scheffel voll Rat.

a An guten Schulen und guten Wegen erkennt man den Staat.

b Schlechter Arbeiter wird nie gutes Werkzeug finden.

c Wer von der Hoffnung lebt, der tanzt ohne Musik.

d Gute Worte ohne Taten sind Binsen ohne Rohr.

3 Wer lesen und schreiben kann, hat vier Augen.

a Ein Mensch ohne Bildung ist ein Spiegel ohne Politur.

b Besser zweimal fragen als einmal irregehen.

c Das Lernen hat kein Narr erfunden.

d Wir haben so lange zu lernen, wie wir leben.

4 Nur einmal geht der Fuchs in die Falle.

a Einmal sehen ist besser als zehnmal hören.

b Aus Schaden wird man klug.

c Nichts ist so kühn wie ein blindes Pferd.

d Jeder leitet das Wasser auf seine eigene Mühle.

5 Für die Maus ist die Katze ein Löwe.

a In teurer Zeit ist schwarzes Brot Kuchen.

b Zeit macht aus einem Gerstenkorn eine Kanne Bier.

c Weiß wird der schwarze Rabe, wenn alle Menschen zu Buddha werden.

d Wenn der Elefant seine Kraft entfaltet, ist der Mensch ihm gegenüber eine bloße Fliege.

6 Der eine pflanzt den Baum, der andere ißt die Pflaum'.

a Wo Frösche sind, da sind auch Störche.

b Den Esel fragen sie nicht, wenn sie ihn bepacken.

c Wer Geld hat, findet leicht Vettern.

d Schenken und Geben macht viele Vettern.

Vom Geld ist die Rede, von wem noch?

 «Er ahnte, daß es ohne Geld nicht gehen würde . . .

... und sein Geld ging zur Neige.» Dieser Satz stammt aus dem wohl berühmtesten Roman eines Mannes, dessen Vater, ein Landadliger, einst, als das Geld zur Neige gegangen war, zu erprobtem Mittel gegriffen hatte: er heiratete eine ältere, aber sehr reiche Frau. Die Dame freilich entpuppte sich bald als Tyrannin von Haus und Hof.

Der Sohn, von dem hier die Rede ist, beendete seine Studien in Berlin und trat, 22jährig, in den Staatsdienst ein. Drei Jahre später veröffentlichte er sein erstes Werk, die Verserzählung «Parascha», die vom seinerzeit berühmtesten Literaturkritiker seines Landes günstig besprochen wurde. Der junge Autor quittierte den Staatsdienst, um sich ganz der Poesie zu widmen; den Lebensunterhalt bestritt die Mama. Als der Sohn sich jedoch in die Sängerin Pauline García-Viardot verliebte (Schwester der berühmten Malibran und des ebenso berühmten Gesanglehrers Manuel García), kam es zum Bruch mit der Mutter, und das hieß: Schluß mit der Jahresrente. Er lebte einige Jahre als Bohemien, bis er als 32jähriger mit einem Schlage ein reicher Mann wurde: durch den Tod seiner Mutter.

Er schrieb nun keine Gedichte mehr, nur noch Dramen und Romane. Als er einen rühmenden Nachruf auf einen in Ungnade gefallenen Dichter seines Landes veröffentlichte, wurde er verbannt; er lebte fortan vor allem in Paris. Als er 44 war, veröffentlichte er den Roman, woraus eingangs zitiert wurde; darin tritt eine Figur auf, die als Nihilist bezeichnet ist; der Autor hielt dieses Wort für seine eigene Erfindung, ohne zu wissen, daß vor ihm schon Görres, Jean Paul, Jacobi und andere diesen Ausdruck benützt hatten.

Der Mann, von dem hier die Rede ist, starb in Bougival nahe Paris, im selben Jahr wie Karl Marx.

Wer war's? (Alphabetische Lösung: 20–21–18–7–5–14–10–5–23)

9 Kleine Differenzen

Über die Zeit, die Sie zum Lösen beruflicher Aufgaben brauchen, sind Ihre Vorgesetzten und Sie gewöhnlich verschiedener Meinung. Mit anderen Worten: Sie müssen häufig unter Zeitdruck arbeiten; selbstverständlich darf man der fertigen Arbeit diesen Zeitdruck nicht anmerken! Und: Zwischen Tür und Angel kommen oft die wichtigsten Entscheidungen zustande. Ohne Fehler und Irrläufer, versteht sich.

Trainieren Sie diese Fähigkeit, unter Druck zuverlässig und konzentriert zu arbeiten. Die folgenden Übungen eignen sich hervorragend dazu. Wichtig ist, daß Sie sich für die Lösungen so wenig Zeit wie möglich gönnen.

1 Welche Zahlen sind um 6 kleiner als die vorhergehenden – welche um 5 größer als die vorhergehenden?

34	42	47	52	56	50	43	49	46	51	45	39	47	37	43
38	32	27	32	37	43	47	41	53	58	56	59	51	45	40
47	52	59	55	61	55	47	53	56	50	55	61	58	49	55
60	56	59	54	60	55	49	54	47	42	47	53	47	44	39
43	49	44	39	33	37	43	47	52	46	41	47	56	50	55
49	44	50	47	36	30	33	38	43	51	46	52	57	51	56

2 Welche Zahlen sind um 5 kleiner als die vorhergehenden – welche um 4 größer als die vorhergehenden?

12	27	32	26	32	28	35	40	42	46	15	10	19	23	27
23	28	32	27	36	41	36	40	29	34	38	42	29	26	31
25	20	26	28	32	27	22	29	32	31	35	30	35	33	28
36	19	47	36	40	39	45	47	42	45	38	32	25	30	25
31	34	28	33	26	30	44	39	27	46	35	39	22	26	21
26	24	29	34	38	43	39	34	29						

10 Bloße Vorsilben

Wenn Sie ein Freund von Silbenrätseln sind, dürfen Sie sich folgende Übungen nicht entgehen lassen. Aber ganz abgesehen davon, wird Ihre Ausdrucksweise flüssiger, schmiegsamer werden. Die Schulaufgaben Ihrer Kinder werden Ihnen weniger schwerfallen als bisher, und Ihre Kollegen werden Sie bald als brillanten Kopf schätzen.

Finden Sie zu jeder folgenden Vorsilbe zehn Wörter:

be- __________
an- __________
un- __________

ver- __________
vor- __________
um- __________

Ge- __________
Be- __________
Ein- __________

über- __________
unter- __________
durch- __________

Auf- __________
Ab- __________
Um- __________

ein- __________
auf- __________
zer- __________

11 Puzzles

Welche Formen passen aneinander? Wie war die Maschine zusammengebaut? Wie liegt das Schnittmuster richtig? Solche Aufgaben, ein wenig abgewandelt, finden Sie hier. Sie sollen in jeder der 12 Aufgaben herausfinden, welche der vorgeschlagenen (ganzen) Figuren die Teile ergeben. Wählen Sie diese Figur unter den vorgeschlagenen fünf aus.

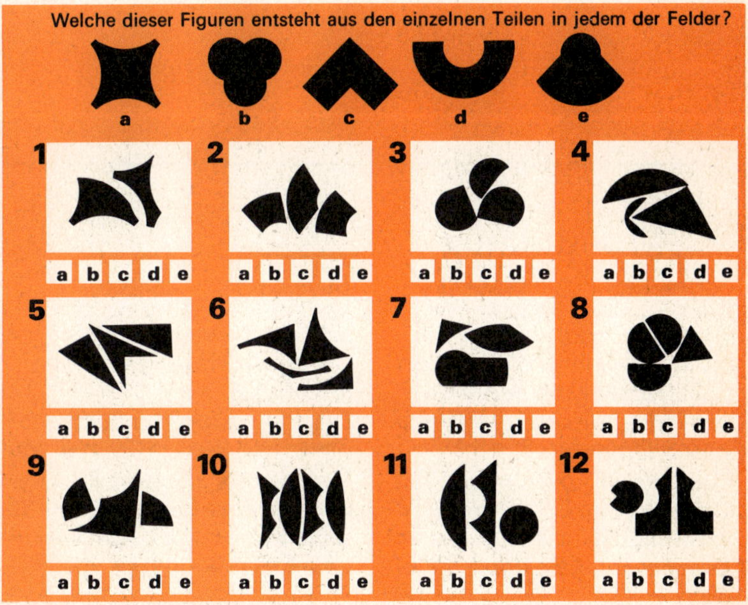

12 Reim dich, oder . . .

Wenn Sie Wörter nach ihrem Klang sammeln, sind Sie zwar noch kein Dichter, aber Sie gewinnen ein gutes Verhältnis zur Sprache. Und die Sprache ist nun einmal der Träger unserer Gedanken.
Finden Sie drei Reime auf jedes Wort – bei manchen finden sich leicht auch noch mehr:

Hand	Haar
Gewinn	Brust
Tag	Haut
Satz	Ring
Kutter	Test
Nacht	Buch
Kind	Zeit
Fahrt	Spiegel
Bart	Stil
Bild	Sonne

13 Monddialog

Wählen Sie gelegentlich die falsche Telefonnummer? Vergessen Sie die Namen Ihrer Bekannten? Gehen Ihre Gedanken während der Arbeit fremd?
Trainieren Sie. Ebenso hart und ausdauernd wie E. Aldrin und N. Armstrong. Sie waren die ersten Menschen auf dem Mond. Keine Sekunde durften sie abschalten, jede Fehlleistung konnte sie um den Erfolg bringen und gefährdete ihr Leben.
Lesen Sie möglichst rasch das folgende Gespräch zwischen den Mondfahrern und dem Kontrollzentrum Houston. Streichen Sie dabei alle im Text vorkommenden Buchstabenfolgen AL, EN, IE (auch Kleinbuchstaben, auch

zwischen zwei Wörtern) an. Sicher finden Sie diese Buchstabenkombinationen. Üben Sie ähnlich auch bei anderen Texten und steigern Sie Ihr Arbeitstempo.

(18.02 MEZ: EAGLE in 11 400 Meter Höhe über dem Mond.)
Eagle: Delta H minus 2900.
(Das bedeutet: Laut Radar fliegt EAGLE 870 Meter tiefer, als das maßgebende Bordnavigationsgerät anzeigt. Aldrin drückt den Knopf, um die Radardaten direkt in den Bordrechner zu füttern.)
Eagle: Alarm 1202.
(Das bedeutet: jetzt ist der Bordrechner überlastet. Er kann keine weiteren Daten mehr aufnehmen.)
Houston: *Hallo Adler, ihr seid trotzdem go.*
Houston: *Hallo Adler, nehmt den Code 68 raus.*
(Damit ist die laufende Entfernungsmessung ausgeschaltet. Die Kontrolle übernimmt Houston.)
Eagle (Höhe nur noch 900 Meter): Alarm 1201.
Eagle: Alarm 1202.
Eagle: Alarm 1202.
(Die Kontrollschirme in Houston registrieren, daß EAGLE das Computerprogramm Nr. 66 eingeschaltet hat. Das bedeutet: Apollo-11-Kommandant Armstrong hat sich entschlossen, die Fähre von Hand zu steuern.)
Eagle: 60 Meter, fünfeinhalb runter, neun vorwärts.
(Das bedeutet: EAGLE fliegt schneller, als er sinkt. Abweichend vom automatischen Sinkkurs, der in einen potentiell gefährlichen Krater mit losen Felsblöcken bis zu fünf Meter Größe geführt hätte, sucht Armstrong einen neuen Landeplatz.)
Houston: Noch 60 Sekunden.
(Das bedeutet: Der Treibstoff reicht nur noch 60 Sekunden und eine Reserve für den äußersten Notfall von 20 Sekunden. Noch keine Landeanzeige.)
Eagle: Geradeaus – geradeaus – wirbeln in 40 Fuß Höhe (ca. 13 m) etwas Staub auf – 30 Fuß (9 m) – noch zweieinhalb Fuß tiefer. Schwacher Schatten. Vier geradeaus – weiter geradeaus. Etwas nach rechts, einen halben tiefer.
Houston: – *Noch 30 Sekunden.*
Eagle: Kontaktlicht. Okay – Motor abgeschaltet. Handsteuerung aus. Hebel zurück. 413 steht.
Houston: *Wir empfangen euch, Eagle.*
Eagle: Houston, hier Basis Tranquillity. Der Adler ist gelandet.
Houston: *Roger. Tranquillity. Wir sind auf Empfang. Beinahe wäre uns hier die Luft weggeblieben. Jetzt können wir wieder atmen. Vielen Dank.*
Eagle: Danke.
Houston: *Sieht gut aus bei euch.*
Eagle: Okay – jetzt haben wir aber für eine gute Minute zu tun.
Houston: *Eagle, ihr dürft eine Minute bleiben.*

Zweites Trainingsfeld

Wann standen Sie zum letztenmal vor einer Aufgabe und sagten sich: Das schaffe ich nie? Ganz gleich, wann das war: es sollte wirklich das letztemal gewesen sein. An einer Aufgabe können Sie nichts ändern. Aber Sie können sich selbst so verändern, daß Sie jeder Aufgabe gewachsen sind. Das ist – erraten! – eine Sache der Intelligenz, die Sie ja nun schon tüchtig trainieren. Natürlich sollen Sie das Intelligenztraining ernsthaft betreiben. Aber Ernst und Heiterkeit schließen einander nicht aus; eine Tatsache, die hierzulande leider viel zuwenig bekannt ist. Denken Sie an Mozart . . .!
Lernen Sie, Aufgaben heiteren Sinnes anzupacken, gewissermaßen spielerisch (aber nicht verspielt).
Was meinen Sie, wie das Ihrem Selbstbewußtsein bekommt!

14 Pointen

Als ein Mensch mit Witz werden Sie in Gesellschaft und bei Freunden hoch geschätzt. Wenngleich diese Eigenschaft Ihnen nicht zufliegt, können Sie doch eine hübsche Portion Geist erwerben. Versuchen Sie, komische Situationen zu kommentieren, erfinden Sie eine geschliffene Pointe dazu. Für den Anfang können Ihnen die folgenden Bilder und Karikaturen als Anregung dienen. Knobeln Sie zu jedem Bild einen kurzen Satz aus, der die wesentlichen Merkmale mit einer Pointe einfängt.

1

2

CINEMA
DANCING
Peynet

3

GRIMMS Märchen

4

Fleurs
Peynet

5

Peynet

6

Peynet

7
Peynet
MOZART

8
frisch gestrichen
Peynet

15 Meinungsumfrage

Als Galilei erklärte, die Erde drehe sich um die Sonne und nicht umgekehrt, stand er mit dieser Meinung weitgehend allein. Heute weiß jedes Kind: Galilei vertrat keine subjektive Meinung, sondern verkündete eine objektive, unwiderlegbare Tatsache.

In astronomischen Fragen sind wir heute zwar etwas aufgeklärter als die Renaissancemenschen, aber der Widerstreit „Meinung gegen Tatsache" ist ein beliebtes (und unfruchtbares) Kampfspiel geblieben. In unfrommem Selbstbetrug neigen wir dazu, unbequeme Tatsachen für falsche Meinungen, schmeichelhafte Meinungen für gesicherte Tatsachen zu halten.

Auch wenn's weh tut: Trainieren Sie Ihre Fähigkeit, Meinungen und Tatsachen mit nachtwandlerischer Sicherheit auseinanderzuhalten!

Ist es eine Tatsache – oder ist es eine Meinung, daß . . .

1 Urlauber in Italien mehr Sonne erwarten als in Österreich? (T/M)
2 Urlaubsreisen mit dem Auto erholsamer sind als mit anderen Verkehrsmitteln? (T/M)
3 Urlaub um so schöner ist, je weiter man reist? (T/M)
4 Urlaub am Meer manchmal dem Urlaub im Gebirge vorzuziehen ist? (T/M)
5 Winterurlaub im allgemeinen zu kurz kommt? (T/M)
6 Urlaub im Sommer eher zum Faulenzen dient? (T/M)
7 Urlaub, Komfort und Erholung einander bedingen? (T/M)
8 Urlaubsbekanntschaften nicht länger dauern als der Urlaub selbst? (T/M)
9 Urlaub nicht immer mit besonders hohen Ausgaben verbunden ist? (T/M)
10 Urlaubsvorbereitungen eigentlich nicht gut als Urlaub gelten können? (T/M)
11 Urlaub einem meistens zu kurz vorkommt? (T/M)
12 Urlaubserinnerungen und Andenken nicht jeden Gast interessieren? (T/M)
13 Urlaubszeiten den Flitterwochen gleichen? (T/M)
14 Urlaubsgelder eigentlich eine Belastung des öffentlichen Haushalts darstellen? (T/M)
15 Urlaub nicht immer zu einer Weltreise ausarten muß? (T/M)

16 Zahlenwald

„Welche Rufnummer hat Herr Mahren? 56 23 89 oder 59 62 38? Wenn ich mir bloß diese verflixten 6 Ziffern merken könnte. Und die Nummer der Auskunft verwechsle ich immer mit der von der Telegrammaufnahme!“
Alles halb so schlimm. Trainieren Sie. Merken Sie sich die erste der unten angegebenen Zahlen (in der Aufgabe 1 zum Beispiel die Zahl 11) und finden Sie heraus, wie oft diese Zahl in dem darunterstehenden fortlaufenden „Zifferntext“ vorkommt. Dann die nächste Zahl. Wie oft ist sie enthalten? Kehren Sie nach einigen Tagen zu der Aufgabe zurück und suchen Sie nun zwei oder drei Zahlen zugleich. So üben Sie Ihr Zahlengedächtnis, Ihre Aufmerksamkeit und Ihr Arbeitstempo. Um zum richtigen Ergebnis zu kommen, sollten Sie nicht mehr als 10 Minuten brauchen.

1	11	=	1	2	3	4	5	6	7	8	mal
2	87	=	1	2	3	4	5	6	7	8	mal
3	496	=	1	2	3	4	5	6	7	8	mal
4	345	=	1	2	3	4	5	6	7	8	mal
5	1863	=	1	2	3	4	5	6	7	8	mal
6	7942	=	1	2	3	4	5	6	7	8	mal
7	2365	=	1	2	3	4	5	6	7	8	mal
8	5294	=	1	2	3	4	5	6	7	8	mal

5311747942162459952365189113147468537790180856379253893654870
0353128033534236547631925446604648250998744379836673723655936
3450999249632282728511702087772514608342831957345427438066407
4581464319186326262060904243377345845386430844381156929242267
5352961805116518637770886029646901151335602236587159429703114
1823074097022207525952150819771529420327986310473529485802336
3730999975294548526266704221515135553020022748697976814002724
9044351287395236508904442687151597086787789899534468302078749
1892599672002267834990029529461427549589152945139146428609684
7063820969529415613718869921815613374848681540652948324076013

17 Spiegelkabinett

Können Sie ein Thermometer ablesen, auch wenn es auf dem Kopf steht? Können Sie sich aus einer Zeitung informieren, die verkehrt herum liegt? Dazu machen Sie folgende Übung: Suchen Sie die vier Figuren heraus, die man durch Drehen ineinander überführen kann. Bei jeweils einer Figur in jeder Zeile ist das nicht möglich. Welche ist das?

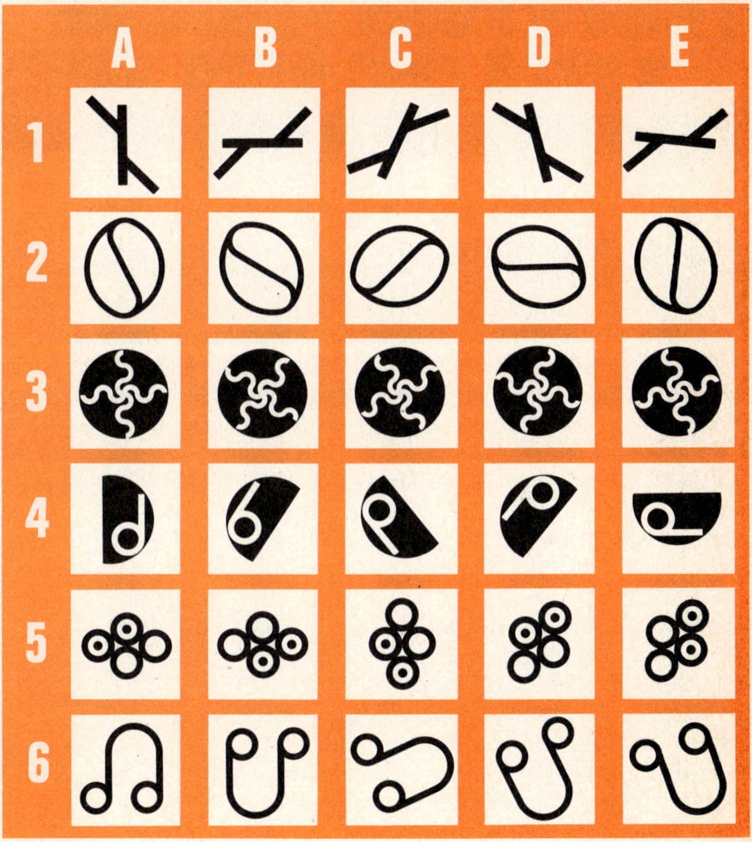

18 Buchstabensalat

Phantasie gehört zum Lesen auch des einfachsten Textes. Jedes einzelne Wort will stets neu erworben sein, um den Zusammenhang voll zu erschließen, in dem es jeweils steht. Schärfen Sie sich deshalb den Blick für jede Buchstabenkombination, die wir „Wort“ nennen. Um welche Tiere handelt es sich hier?

1 FFEA 2 GAJURA 3 REINGH 4 LODRESS
5 SCHAD 6 TANTER 7 TRANPEH 8 BRUSDAS
9 RADREM 10 BLASWECH 11 LAMKE 12 TEROT
13 SUMA 14 PLEIHND 15 PETSCH 16 SIAMEE
17 LULAWAB 18 PRAFNEK 19 PLANSEI 20 NEUDESH

19 Zukunftsmusik

Die Utopien von heute sind die Wirklichkeit von morgen. Was uns gestern aufregend neu erschien, bringt uns übermorgen zum Gähnen, und das Tempo dieser Entwicklung nimmt eher zu als ab. Im Beruf und in Ihrem privaten Bereich brauchen Sie also Zukunftsphantasie. Die Leistungen, die Sie morgen erbringen sollen, hängen davon ab, wie plastisch Sie sich die Zukunft vorstellen.

Was würden Sie erfinden, wenn Sie einen Zukunftsroman schreiben sollten?
In 50 Jahren wird man sich auf der Erde fortbewegen, indem . . .
Und in der Luft, indem . . .
Im Jahre 2000 werden alle Kinder . . .
Im nächsten Jahrhundert findet eine Messe statt, auf der . . .
2070 – also in 100 Jahren, werden Möbel . . .
Politische Entscheidungen werden in 60 Jahren durch . . .
Die Familie ist in den nächsten Jahrzehnten . . .
2134 ist das Jahr, in dem . . .

In 50 Jahren können wir auf dem Meeresgrund . . .
Mit Laserstrahlen kann man schon 1999 . . .
Raumstationen werden ab 2010 . . .
Das Transportsystem im Jahre 2050 leistet . . .
Mediziner und Biologen werden mit Chromosomen . . .
Energiegewinnung in Atomkraftwerken führt zu . . .
Die Beziehungen der Menschen zueinander werden in 77 Jahren . . .

20 Phantasiebilder

Inspiration besteht in der Erwartung, daß sie sich einstellt, sagt Thomas Mann. Sie können lernen, gute Einfälle und zündende Ideen zu haben. Setzen Sie sich in einen bequemen Sessel, betrachten Sie die Bilder auf der Seite 43 und warten Sie ab, was Ihnen zu jedem einfällt. Am besten schreiben Sie Ihre Einfälle gleich auf. Alle Antworten sind richtig, auch wenn sie nur aus einem Wort bestehen.

21 Wörtergerüst

„Die Uhr ist hellbraun", sagt man so und meint eigentlich das Uhrengehäuse. In diesem Fall schadet die leichte Unlogik nicht. Was gemeint ist, ist trotzdem klar. Wenn es jedoch darauf ankommt, sich präzise auszudrücken, dann kommen Sie mit dieser Sprechschlamperei nicht weit. Machen Sie sich deshalb wieder einmal die logische Beziehung Teil – Ganzes klar.
In der Wortliste folgt zehnmal ein Ganzes auf ein Teil. Suchen Sie diese zehn Wortpaare heraus. Überlegen Sie zusätzlich noch: Was kann man zwar vom Ganzen sagen, nicht aber von dem Teil – und umgekehrt?

Buch Bücherbrett Bücherregal Lesegerät Schreibtisch Schrank Möbel Polsterung Couch Liegestuhl Veranda Aussicht Glas Fenster Helligkeit Lampe Leuchten Kristallglas Zahnbecher Fliesen Bad Waschbecken Bidet Wanne Dusche Tür Türschwelle Türrahmen Isolierung Wärme Kälte Schall Wohnung Häuserblock Garage Keller Ölbrenner Heizung Schornstein Dach Antenne Lautsprecher Radio Fernseher Programm

22 Drudel zum Selbermachen

Ertappen Sie sich manchmal dabei, daß Sie Figuren, Muster und Ornamente vor sich hin malen? Dann wissen Sie, was für eine formenreiche Phantasie in Ihnen schlummert. Üben Sie diese Phantasie – systematisch und konsequent. Wagen Sie sich an schwierigere Aufgaben und ergänzen Sie die folgenden einfachen Figuren ganz beliebig. Nehmen Sie jedes dieser Zeichen zum Ausgangspunkt für zehn verschiedene Zeichnungen nach Ihrer Wahl. Die erste Figur gibt ein Beispiel.

1

APRES L'ANGLETERRE
LA FRANCE
ESSENCE:
GREVES SURPRISE
POSSIBLES
DANS TOUTE
LA FRANCE

2

3

4

5

6

7

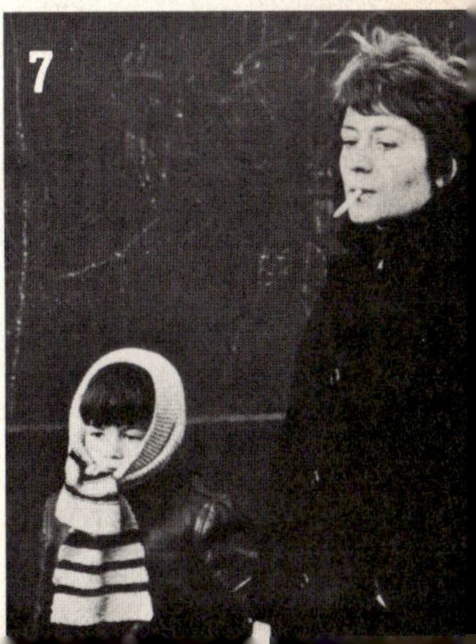

23 Kunstnummern

Lesen Sie die Liste der folgenden zwanzig Telefonnummern. Wie viele können Sie beim erstenmal behalten? Wie viele beim zweitenmal? Pauken Sie nicht stumpfsinnig, sondern greifen Sie zu allen Listen und Tricks. Denn merke: Bei Eselsbrücken besteht keine Einsturzgefahr!

Wieviel leichter geht es demgegenüber mit „einfachen" Nummern: Erfinden Sie selbst zwanzig neue Nummern. Jede soll dabei leicht zu merken sein. Nummern von verschiedener Länge, Nummern mit unterschiedlicher Regel. Nicht allein 4444, sondern auch 4334, 43234 und so weiter.

2 217 686	78 765	4 850 865	97 295
19 362	2 368 352	61 964	12 968
167 723	153 924	3 693 894	8 594 572
7 843 776	587 196	188 700	386 443
93 225	573 527	8 856 532	534 409

24 Faltschachteln

Astronaut sind Sie wahrscheinlich nicht, aber vielleicht Schneider, Schreiner oder Architekt. Auch in diesen Berufen brauchen Sie ein gut entwickeltes räumliches Vorstellungsvermögen. Das würden Sie sogar brauchen, wenn Sie im Hauptberuf Kriminalromane lesen würden. Diese Aufgaben sollen Ihr räumliches Vorstellungsvermögen entwickeln helfen: In welcher Zeichnung auf dieser und auf der folgenden Seite finden sich alle Seitenflächen der abgebildeten Körper, keine zuviel und keine zuwenig?

Figur 1

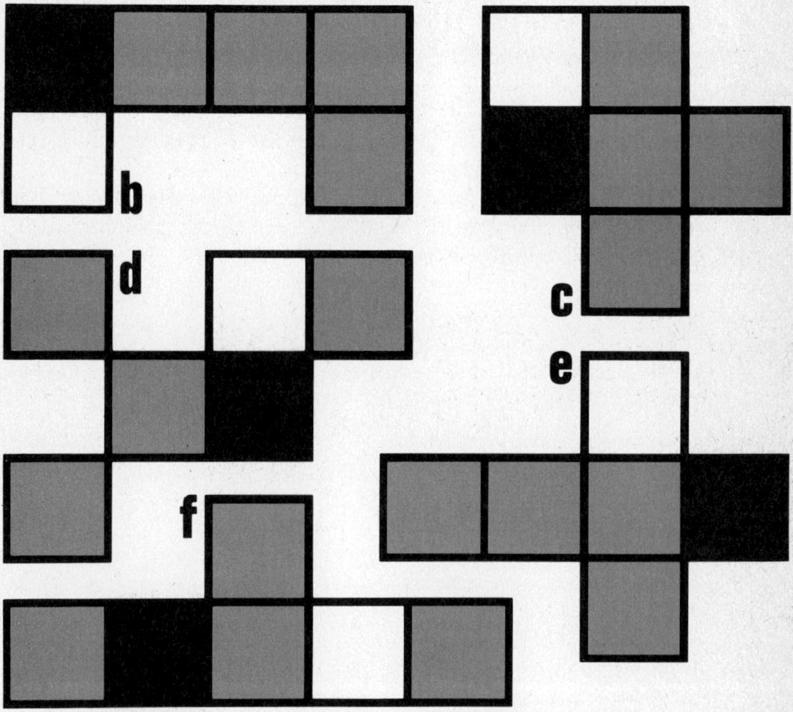

Figur 2

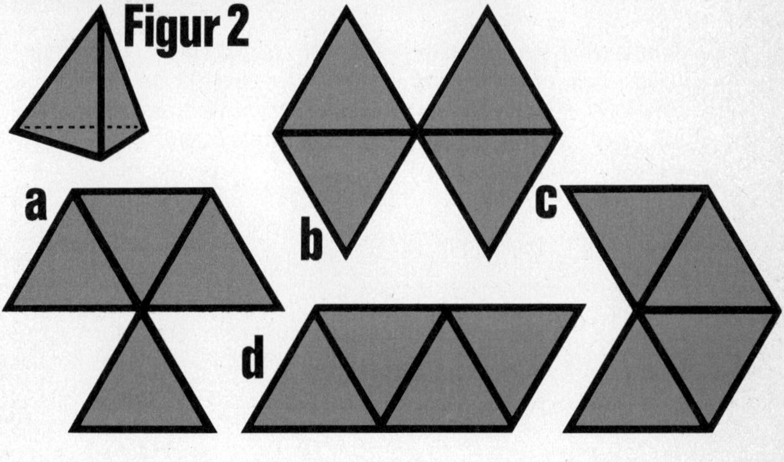

Drittes Trainingsfeld

Fanatiker sind Leute, die ihre Intelligenz nicht als Vergrößerungs-, sondern als Brennglas benutzen. Die Art und Weise, wie sie die Dinge betrachten, läßt nur Qualm und Asche zurück.
Lernen Sie, anders als Fanatiker, Ihre Interessen nicht auf einen winzigen Punkt zu konzentrieren. Genießen Sie die Zauberlandschaft immer weiterer Zusammenhänge.
Denken Sie an den Funkamateur: Wenn er zwar alles über Wellen und ihre Ausbreitung weiß, aber keine Ahnung von Geographie hat, dann macht ihm die ganze Funkerei doch keinen Spaß!

25 Wer zu wem?

Ein altbewährtes Hilfsmittel, sich verständlich zu machen, ist das Gleichnis. Auf einem kleinen Umweg läßt sich oft viel mehr sagen als direkt – vorausgesetzt allerdings, der gewählte Vergleich stimmt. Versuchen Sie es einmal! Ergänzen Sie aus den vorgeschlagenen Begriffen das zweite Begriffspaar. Die Beziehung der Begriffe zueinander soll dabei in beiden Begriffspaaren jeweils ähnlich sein.

1 Abend und Nacht verhalten sich zueinander wie Herbst und
a Laubfärbung **b** Frühling **c** Winter **d** Ernte **e** Sommer.

2 Reichtum und Luxus wie Glück und
a Verdienst **b** Zufall **c** Freude **d** Hoffnung **e** Treue.

3 Behaglichkeit und Wärme wie Erfrischung und
a Bier **b** Schwimmbad **c** Schatten **d** Hitze **e** Abkühlung.

4 Spiegel und Glas wie Messer und
a Gabel **b** Stahl **c** Löffel **d** Schere **e** Griff.

5 Tür und Scharnier wie Rad und
a Reifen **b** Achse **c** Deichsel **d** Felge **e** Spur.

6 Bett und Matratze wie Kommode und
a Furnier **b** Wandschrank **c** Sessel **d** Schublade **e** Schloß.

7 Uhr und Feder wie Staubsauger und
a Teppich **b** Strom **c** Kabel **d** Düse **e** Stecker.

8 Melodie und Noten wie Gedanke und
a Schrift **b** Formel **c** Buch **d** Notiz **e** Ziffer.

9 Frühstück und Honig wie Urlaub und
a Seereise **b** Hotel **c** Reisebüro **d** Erholung **e** Genuß.

10 Mantel und Knopf wie Tür und
a Angel **b** Türrahmen **c** Riegel **d** Treppe **e** Schlüssel.

11 Holz und sägen wie Papier und
a falten **b** kleben **c** reißen **d** schneiden **e** heften.

12 Wohnung und Zimmer wie Einrichtung und
a Diele **b** Fenster **c** Möbelwagen **d** Haus **e** Schrank.

26 Lochbilder

So haben Sie es als Kind gemacht: Ein Papier mehrmals gefaltet und mit der Schere daran herumgeschnippelt. Als Erwachsener sollten Sie es sich ein wenig schwerer machen: Versuchen Sie herauszufinden, welches Muster jeweils aus der Figur ganz links entstanden ist. (Manche Figuren sind gedreht.)

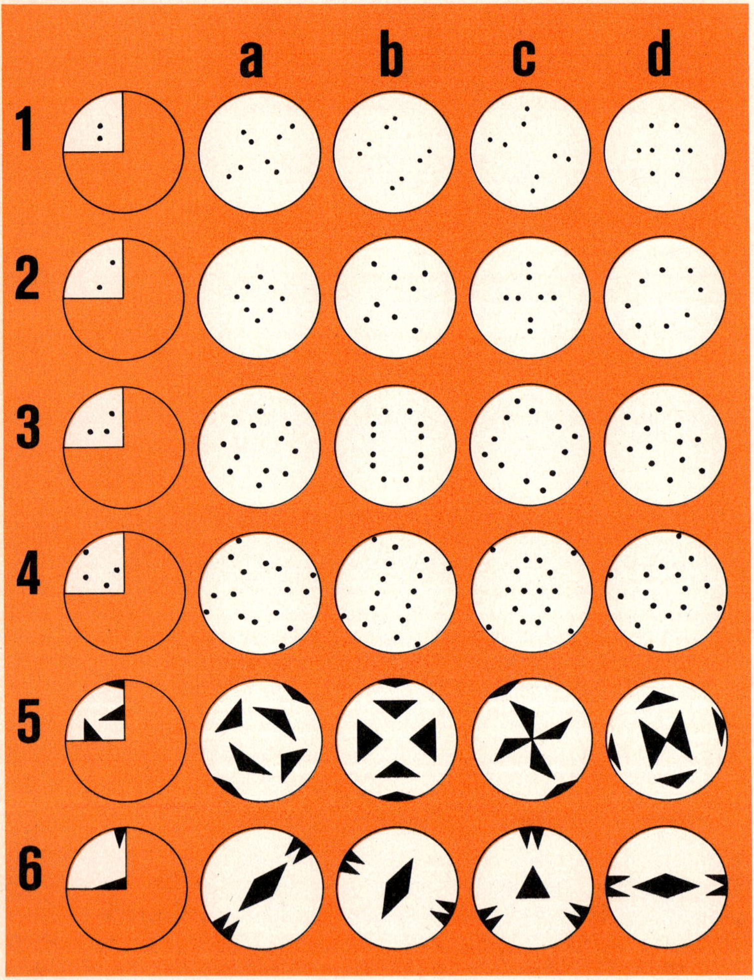

27 Da steckt was drin

Das ist eine Lockerungsübung. Ein Kinderspiel eigentlich. Bilden Sie neue Wörter mit den Buchstaben der vorhandenen. Obwohl diese Aufgabe so simpel ist, verlangt sie im Prinzip das Lösungsmuster, das man braucht, um locker, vorurteilsfrei, ganz „anders", ganz „neu" denken zu können.

Bungalow	Segelboot	Sportwagen	Lotterie
Lang			
Bau			
bang			
Gaul			
lau			
Laub			
Balg			

28 Sprachdesign

An ihren Träumen beobachten auch die trockensten Zeitgenossen, wieviel Phantasie in ihnen steckt. Lernen Sie, auch tagsüber ein paar Minuten zu phantasieren, farbige Bilder zu ersinnen und traumhaft miteinander in Zusammenhang zu bringen. Kultivieren Sie durch die folgenden Übungen Ihren Einfallsreichtum. Lassen Sie sich durch die vorgegebenen Wörter anregen und zugleich lenken.

Finden Sie mit den drei Wörtern jeder Zeile fünf Sätze, die etwas ganz anderes aussagen:

Perücke	Tür	Vorhang
Geld	Jagd	Nacht
Frau	Bus	Whisky
Jahr	Modell	Abenteuer
Anlage	Ehe	Weg
Rolle	Pelz	Genie
Reiz	Kumpel	Haar
Kamera	Ahnung	Typ
Markt	Kasse	Glück
Buch	Gehalt	Portion
Freude	Wohnzimmer	Film
Szene	Geduld	Brille
Spiel	Maschine	Bild
Bank	Leistung	Firma
Wunsch	Zukunft	Gedanke

29 Springprozession

Hier sind eine Menge Bilder durcheinandergeraten. Während Sie sich darum bemühen, jeden Handlungsablauf in all seinen Phasen wiederherzustellen, üben Sie Ihre Beobachtungs- und Kombinationsfähigkeit, Ihr Sachverständnis und Ihren Situationsüberblick:

30 Einfälle gesucht

So bereiten Sie am besten Ihre nächste Ansprache, einen Brief oder einfach eine Unterhaltung mit Freunden vor: Suchen Sie mindestens zehn Einfälle zu jedem Thema:

Welche Vorbereitungen muß der Fremdenverkehrsverein München für die Reisewelle zur Olympiade 1972 treffen? Welches Verkehrsmittel ist in der Großstadt am besten? Wie wirkt sich die Personalknappheit im Hotelgewerbe aus? Welche Regeln der Straßenverkehrsordnung sollte man von Zeit zu Zeit überholen und warum? Flug- oder Schiffsreise nach den USA – welche Art zu welchem Reisezweck? Wie kann man alles, was man gelernt hat, am besten behalten? Welche Hauptreisegebiete sind 1975 gefragt? Warum? Was kann man tun, um mit den Mitarbeitern gut auszukommen? Welche Themen sollte ein Reisequiz enthalten? Aus welchen Gründen kann man seinen Beruf wechseln? Sommer- oder Winterurlaub – was spricht für das eine und was für das andere? Wann soll man sich für einen Beruf spezialisieren – früher oder später? Was halten Sie vom Bildungsurlaub? Wie begründen Sie Ihrem Chef die gewünschte Gehaltserhöhung? Welche Gedanken könnte sich ein Geschäftsreisender im Transatlantikjet über den Entdeckungsreisenden vor 600 Jahren machen?

31 Zahlenmagie

Hier dreht sich's ganz um die Zahlen. Zaubern Sie mit ihnen, erkennen Sie die Magie der Zahl. Das ist ein netter Zeitvertreib und auch noch viel mehr als das. Sie gewinnen ein ganz neues Verhältnis zur Zahl. Nichts scheint Ihnen daran länger trocken oder nüchtern – sehen Sie einfach, welche Kraft Zahlen haben. Üben Sie sich selbst dabei im Umgang mit der Zahl – die Ihnen nun eine Menge mehr zu sagen hat als je zuvor.

1 Ergänzen Sie die folgenden Zahlenquadrate, so daß sich in jeder Zeile (waagerecht) und in jeder Spalte (senkrecht) sowie in den Diagonalen des Quadrates die jeweils angegebene Summe ergibt:

2 Fügen Sie nun die jeweils vorgegebenen Zahlen zu einem Quadrat zusammen, in dem alle Zeilen (waagerecht), Spalten (senkrecht) und Diagonalen die angegebenen Summen ergeben:

1

A

8	1	6
		7

Summe: 15

B

	4	7	
6			5
2			5
	4	3	

Summe: 18

C

	15		4
12		7	
8			5
	3	2	

Summe: 34

D

8		6		6
	5		9	
8		0		6
	4		9	
8		7		5

Summe: 27

E

	3	5		
2			3	
	5	2	4	
	1			2
		4	1	

Summe: 15

2

0 1 2 3 4
5 6 7 8
Summe: 12

A

1 2 3 4 5 6 7 8 9
10 11 12 13 14 15 16
17 18 19 20 21 22 23
24 25
Summe: 65

B

1 3 5 7 9 11
13 15 17 19 21
23 25 27 29 31
Summe: 64

C

32 Strukturen

Finden Sie in Ihrer Buchhandlung mit sicherem Blick den ausgestellten Bestseller, den Sie kaufen wollen, oder in Ihrem Aktenordner einen bestimmten Brief, den Sie brauchen?
Beim Suchen richten wir uns im allgemeinen nach einem Suchbild – nach dem Bild des gesuchten Gegenstandes, wie es in unserer Vorstellung lebt. Dieses Vorstellungsbild vergleichen wir mit all unseren Wahrnehmungen, die wir während des Suchens machen. Wir drehen und wenden unser Such-Vorstellungs-Bild dabei je nach den Ähnlichkeiten, die wir zwischen ihm und unseren Wahrnehmungen feststellen. Bis wir den gefundenen Gegenstand schließlich in einer zumeist ganz unerwarteten Umgebung finden.
Üben Sie also: Finden Sie die Formen a–e in den Bildern 1–12 wieder: In jedem Bild kommen zwei, eine oder gar keine der Formen vor. Durch diese Formen dürfen auch Linien laufen.

33 Mehrzweckradio

Es gibt Leute, die sind durch nichts in Verlegenheit zu bringen: Fehlt ihnen ein Hammer, dann klopfen sie den Nagel mit dem Schuh in die Wand. Briefe öffnen sie mit dem Schraubenzieher und Limonadeflaschen mit dem Hausschlüssel.
Tun Sie es diesen Leuten nach: Seien Sie erfinderisch. Aber beachten Sie, daß ein Gegenstand, den Sie seinem eigentlichen Zweck entfremden, darunter nicht leiden darf. Originalität um jeden Preis kommt gewöhnlich teuer zu stehen.
Lockern Sie Ihr Denken, Ihre Gewohnheiten ein wenig auf und lassen Sie sich 10 Möglichkeiten einer gebräuchlichen Verwendung der folgenden Dinge einfallen:

Ein Buch können Sie auch verwenden, um . . .

Ein Radio können Sie auch verwenden, um . . .

Einen Staubsauger können Sie auch verwenden, um . . .

Einen Armreif können Sie auch verwenden, um . . .

Einen alten Autoschlauch können Sie auch verwenden, um . . .

Eine Büroklammer können Sie auch verwenden, um . . .

Einen Stuhl können Sie auch verwenden, um . . .

Eine Reisedecke können Sie auch verwenden, um . . .

Eine Blechdose können Sie auch verwenden, um . . .

Einen Kleiderbügel können Sie auch verwenden, um . . .

Einen Bleistift können Sie auch verwenden, um . . .

Ein Taschenmesser können Sie auch verwenden, um . . .

Ein Lineal können Sie auch verwenden, um . . .

Eine Flasche können Sie auch verwenden, um . . .

Ein Handtuch können Sie auch verwenden, um . . .

34 Gesumm

In jedem Ding steckt noch ein anderes, in jeder Zahl ist eine andere Zahl. Gehen Sie den Dingen am besten gleich auf den Grund. Bei Zahlen läßt sich das auf ganz verschiedenen Wegen machen. Wie wäre es zum Beispiel mit der Quersumme?
Die folgenden Anregungen zeigen Ihnen, wie Sie Zahlen einmal „von innen heraus", nämlich aus ihrer Quersumme entwickeln können. Dabei lernen Sie nicht allein die Voraussetzungen zur Entwicklung zahlloser Geheimsprachen kennen – Sie freunden sich ganz einfach mit logischen Suchspielen an und finden sich mitten in der Kunst des Kombinierens wieder.

1 Welche Zahlen zwischen 33 und 77 haben 9 als Quersumme?

2 Welche Zahlen zwischen 0 und 1234 haben 26 als Quersumme?

3 Welche Zahlen zwischen 12321 und 13231 haben 7 als Quersumme?

35 Sprachloser Denker

Können Sie sich eine Situation, eine Szene vorstellen, ohne in Worten zu denken? Doch, es geht. Wir besitzen nämlich viele Grundbegriffe ganz außerhalb unseres Wortschatzes. Das können Sie selbst überprüfen, wenn Sie bestimmte Zusammenhänge „auf einen Blick" begreifen, ohne lange darüber nachdenken zu müssen. In dieser Aufgabe zum Beispiel denken Sie in Figuren, nicht in Worten, und kommen damit sehr viel schneller zu einer Lösung.
In jeder der zwölf Aufgaben ist das fehlende neunte Quadrat aus den Lösungsvorschlägen zu ergänzen. Ganz „auf Anhieb". Richten Sie sich nach den Regeln der (waagrechten) Zeilen und der (senkrechten) Spalten. Zur Probe können Sie die Quadrate dann noch einmal „beim Wort" nehmen, das heißt, Ihre Lösungen formulieren. Suchen Sie die richtigen Lösungen aus den Angeboten auf Seite 58 heraus.

1

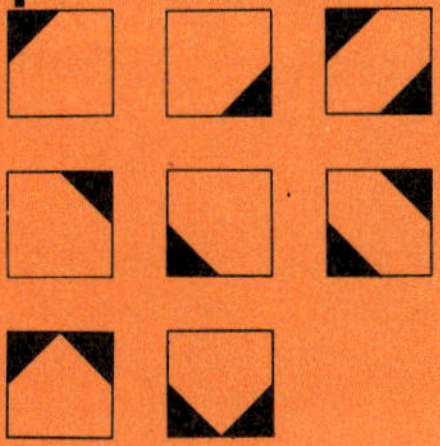

2

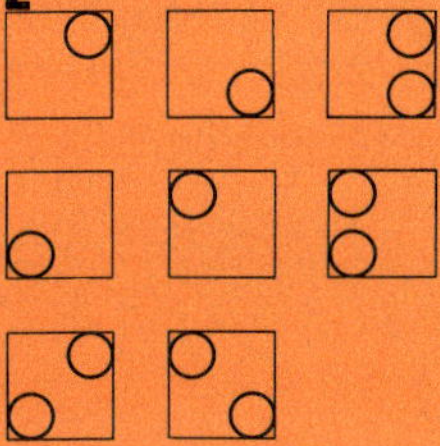

3

4

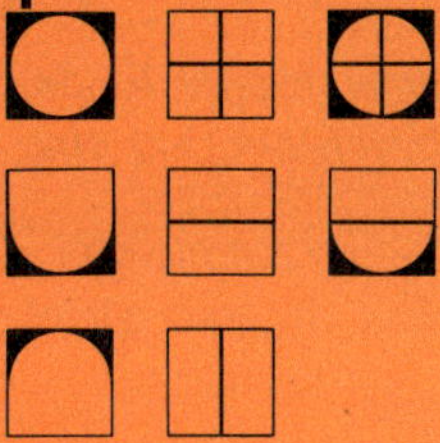

5

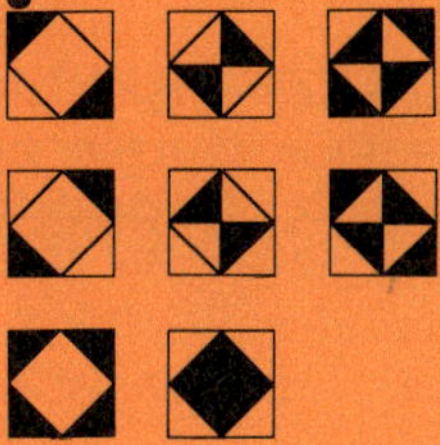

6

7

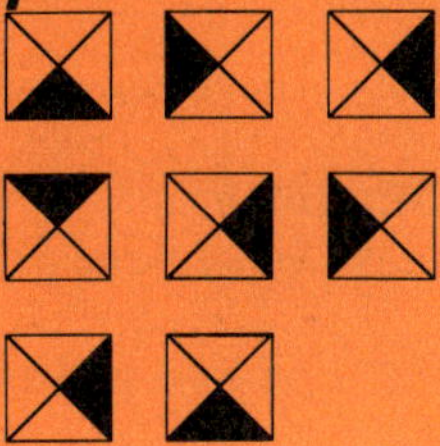

8

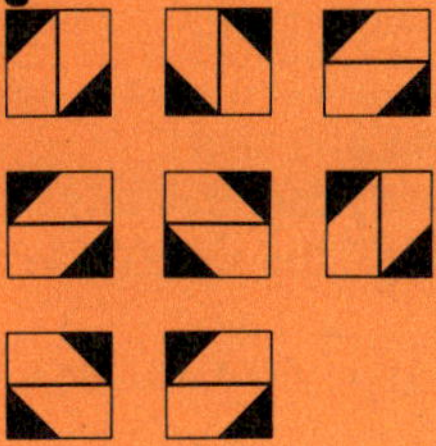

9

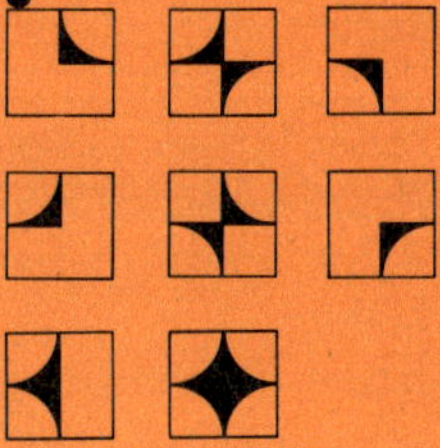

10

11

12

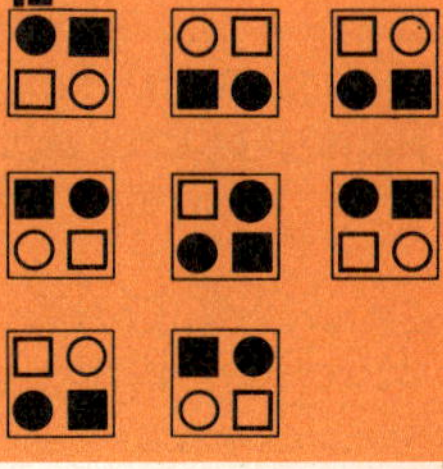

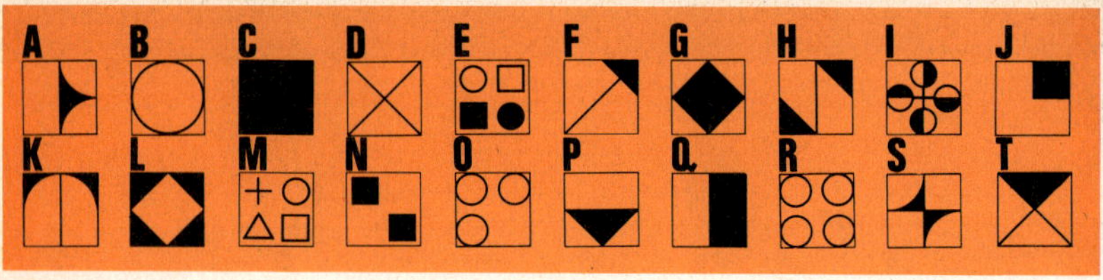

36 Nur für Sammler

Heute betätigen Sie sich als Leiter eines ungewöhnlichen Museums: Sie haben die Aufgabe, zehn Räume mit möglichst verschiedenartigen Gegenständen und Lebewesen zu füllen. Dennoch steht über jedem Raum, wenn auch unsichtbar, ein einigendes Motto.
Die Ausstellung soll bald eröffnet werden; machen Sie sich gleich an die Arbeit.

Raum 1 enthält zehn wichtige Erfindungen der letzten 50 Jahre:
Raum 2 enthält zehn spitzige Dinge, die mit Okkultismus zu tun haben:
Raum 3 enthält zehn überdimensionale, riesig große Dinge, die aus lauter kleinen zusammengesetzt sind:
Raum 4 enthält zehn bunte Dinge aus vergangenen Kulturen:
Raum 5 enthält zehn Dinge, die sich auf verschiedene Weise bewegen können:
Raum 6 enthält zehn Dinge, die besonders wertvoll sind und in drei verschiedenen Erdteilen hergestellt wurden:
Raum 7 enthält zehn Plakate, die besonders wichtige politische Ereignisse der vergangenen fünf Jahrzehnte zeigen:
Raum 8 enthält zehn leicht zerbrechliche Dinge, die eine Gesellschaft in Atem halten können:
Raum 9 enthält zehn große, gestreifte Dinge:
Raum 10 enthält zehn verschiedene kleine, wertvolle Dinge:

Library of Congress, Washington: Eine vollständige Sammlung des Wissens ist nicht Selbstzweck, sondern die Startbasis für jedes produktive Gestalten.

Viertes Trainingsfeld

Wenn Sie Ihrem schlimmsten Feind, der sich gerade um eine neue Stellung bemüht, einen schlechten Rat geben wollen, dann sagen Sie ihm, er soll in seiner Bewerbung etwas von soundsovieljähriger Erfahrung schreiben. Wenn er die Stellung trotzdem bekommt, dann hat es die betroffene Firma nicht besser verdient.
Erfahrungen allein helfen nämlich gar nichts; sie sind Ballast fürs Gehirn, Scheuklappen für den Blick. Erich Kästner beschrieb eine Erfahrung, die jeder von uns gemacht hat: „Leben ist lebensgefährlich." Na und? Sollen wir jetzt vielleicht Selbstmord aus Angst vor dem Tod begehen?
Eine bestimmte Erfahrung gilt immer nur für eine bestimmte Situation; Erfahrungen zu verallgemeinern und gar anderen andienen zu wollen ist so ziemlich das Gegenteil intelligenten Verhaltens. Und Sie sind ja gerade dabei, Ihre Intelligenz zu trainieren . . .

37 Drunter und drüber

Gute Übersicht erleichtert unser Denken und Tun. Oberbegriffe helfen uns weiter, wenn es zu bunt wird. Üben Sie im folgenden Ihren Blick dafür:
Sammeln Sie beim ersten Durchgang aus dieser Wortliste alle Oberbegriffe heraus, die hinter einem untergeordneten Begriff stehen, gliedern Sie die übrigen Wörter im zweiten Durchgang unter möglichst wenigen Oberbegriffen.

Fenster Öffnung Bett Sieb Eimer Gefäß Staubsauger Handfeger Tischlampe Schrank Möbel Gardine Gewebe Tisch Stuhl Fernsehapparat Kamin Teppich Bodenbelag Wäschekorb waschen reinigen backen braten Pfanne schlafen Einrichtung Wandschrank Türglocke Sofa Liege Vase Kissen Kehrschaufel Plattenspieler Flasche Weinglas Bierkrug Trinkgefäß Schaukelstuhl Sitzmöbel Sessel Couch Becher Küchenwaage Meßinstrument Wanduhr Wandschmuck Gemälde kochen Zubereitung Bücherregal Kaffeemühle Waschmaschine.

38 Fixpunkte

Diese Aufgabe appelliert an den erbarmungslosen Tüftler in Ihnen. Das Tüfteln zwingt Sie nämlich zum geselligen Umgang mit allerlei Gedanken, die Sie im grauen Alltag einfach beiseite geschoben hätten.

Üben Sie sich im Tüfteln mit Worten. Vielleicht bereiten Sie dem Einfall Ihres Lebens den Weg.
Versuchen Sie, je vier Sätze zu bilden, in denen die Wörter mit diesen Buchstaben beginnen:

M ______	N ______	K ______	I ______	G ______
V ______	M ______	F ______	I ______	A ______
W ______	W ______	A ______	P ______	V ______
P ______	B ______	V ______	B ______	E ______
I ______	M ______	S ______	W ______	F ______
W ______	H ______	S ______	U ______	M ______

39 Kaleidoskop

Ein sicherer Blick für Längen- und Winkel-Verhältnisse kennzeichnet den guten Geschmack eines Menschen, gewandte Orientierungsfähigkeit den eines anderen. Beides ist nicht vom Schicksal abhängig, sondern kann trainiert werden. Das werden Sie herausfinden, wenn Sie auf der folgenden Seite ein wenig üben: Aus welchen Steinen (A–D) sind die Muster 1–12 zusammengesetzt?

A
B
C
D
1
2
3
4
5
6
7
8
9
10
11
12

40 Zeitungsdeutsch

Zeitung und Nachrichten liefern Ihnen täglich die ganze Welt ins Haus. Wieviel können Sie sich aus diesem riesigen Informationsangebot merken? Sie versuchen, das, worauf es ankommt, in Ihre eigenen Worte zu übersetzen. Sie suchen Trends, die hinter den komplizierten Analysen stecken, reduzieren vielfältige Beziehungen auf die wichtigsten, wählen Beispiele aus, die Ihnen anschaulich erscheinen.

Sie müssen allerdings den logischen Aufbau einer Meldung rasch durchschauen, die tragenden Aussagen sicher finden, um einen sachlich richtigen Extrakt zu bilden. Üben Sie sich an folgenden Beispielen. Welche von fünf Aussagen trifft den Inhalt richtig?

1 „. . . daneben fehlt aber auch der politische Anreiz, der für die Produktivitätssteigerung der Landwirtschaft so wichtig ist, die Erzeugerpreise der knappen Güter anzuheben, bzw. den inländischen Erzeugern die gleichen Preise zu zahlen, wie für die ausländischen Nahrungsimporte aufgewendet werden müssen.“

a Die Landwirtschaft wird durch politische Maßnahmen zur Produktion knapper Güter angehalten.
b Knappe Güter und inländische Produkte erzielen zu geringe Preise.
c Landwirtschaftliche Produkte und knappe Güter aus anderen Ländern werden zu stark subventioniert.
d Die Produktivität der Landwirtschaft ist unabhängig von den Preisen für knappe Güter.
e Importe aus anderen Ländern steigern die inländische Produktion knapper Güter.

2 „. . . bei dieser Konformitätsänderung ändern aber nicht nur die Atome des Sechsecks ihre Lage, sondern auch alle anderen Atome, die durch weitere chemische Bindungen an die Sechsecke geknüpft sind. Damit werden diese Anhängsel, die gerade bei den Stereoiden ganz wesentlich deren biologische Wirkung mitbestimmen, chemischen Reaktionen mehr oder weniger gut zugänglich.“

a Die Atome des Sechsecks beeinflussen die chemischen Reaktionen von Stereoiden.
b Die biologischen Reaktionen der Anhängsel-Atome beeinflussen die Konformitätsänderung der Stereoiden.
c Die biologische Wirkung von Stereoiden wird durch die Konformitätsänderung beeinflußt.

d Stereoiden entstehen durch eine Änderung der chemischen Bindungen von Atomen.

e Biologische Bindungen der Stereoiden wirken sich auf die chemischen Reaktionen ihrer Atome aus.

3 „. . . es kann keiner Rechtsprechung angesonnen werden, sich in Spekulationen über die vorhandene Verfassung hinaus zu ergehen. Aber sie verfehlt die Verfassung, wenn sie sich die politische Essenz der Verfassung nicht vergegenwärtigt und wenn sie sich keine Rechenschaft über ihren eigenen Beitrag zur Erfüllung der Verfassung in Vergangenheit und Gegenwart gibt."

a Die Entwicklung der Rechtsprechung ist verfassungsunabhängig.

b Frühere Verfassungen haben die gegenwärtige Rechtsprechung politisch vorbereitet.

c Spekulationen über die Rechtsprechung wirken sich politisch auf die Verfassung aus.

d Die Rechtsprechung ist an die Verfassung gebunden, die sich gesellschaftlich wirksam machen muß.

e Jeder Rechtsspruch muß die politische Entwicklung der Verfassung beeinflussen.

4 „‚Mit dem Ingenium an Bildung und ökonomischer Basis', so erläutert der Berliner Soziologe und Wahl-Analytiker Dr. Nils Diederich die Linkswendung des weiblichen Mittelstandes, ‚gleichen sich Frauen in der Wahltendenz den Männern an.' Die emanzipierte und arrivierte Frau schicke sich nun an, ‚den Rückstand an politischer Bildung nachzuholen, der auf der jahrhundertealten Heim- und Herd-Ideologie basiert'."

a Die jahrhundertealte Wahltendenz des arrivierten weiblichen Mittelstandes ist eine ideologische Bewegung.

b Bildungsgewinn und ökonomischer Gewinn der Frau bewirken auch ihre politische Emanzipation.

c Emanzipation und Wahlrecht unterliegen uralten Ideologien – bei Frauen wie bei Männern.

d Eine ökonomische Linkswendung der Frau trägt gegenwärtig zu ihrer Emanzipation bei.

e Jeder Bildungsfortschritt für emanzipierte Frauen trägt letzten Endes zu einem Linksruck im Wahlergebnis beider Geschlechter bei.

5 „Da die Außenwelt heute mit den intensivsten und verschiedensten Eindrücken auf uns wirkt, verändern wir unsere Lebensformen in rascherer Folge als in früheren Zeiten. Es ist nur selbstverständlich, daß auch unsere Umgebung entsprechenden Veränderungen unterliegen muß. Wir kommen also zu Einrichtungen, zu Räumen, zu Bauten, welche in möglichst allen ihren Teilen veränderlich, beweglich und verschieden kombinierbar sind."

a Der Mensch bevorzugt variable Gebäude und Einrichtungen.
b Eine Kombination von Beweglichkeit und Veränderung begünstigt die menschlichen Lebensformen.
c Die Einrichtungen des Menschen sollten seine natürliche Beweglichkeit unterstützen.
d Die moderne rasche Bauweise trägt mit dazu bei, daß sich der Mensch vielseitig einrichten kann.
e Die Umwelt des Menschen verändert seine Lebensformen.

41 Familienbande

Wer gar nichts sammelt, sinkt unter das Niveau von Hamstern und Elstern. Sammeln Sie einmal Wörter mit gleichem Stamm. Je fleißiger und konzentrierter Sie vorgehen, um so leichter wird es Ihnen fallen, jedes Thema von verschiedenen Seiten zu behandeln.

Finden Sie je fünf Wörter zu diesen Wortstämmen:

kauf
komm
wachs
hand
fang
wohn
leg
dauer
schluck
schul

stein
stimm
tag
mut
lust
ken
hoff
weg
fahr
dampf

42 Innenarchitektur

Sie wollen einem Ausländer ein bestimmtes Material in einem Raum zeigen, in dem Sie sich eben unterhalten. Welches Beispiel wählen Sie für einen Gegenstand aus Holz, Glas, Plastik und Metall in Ihrer Wohnung? Finden Sie zehn Beispiele für jedes Feld:

	Holz	Glas	Plastik	Metall
Wohnzimmer				
Schlafzimmer				
Kinderzimmer				
Küche				
Badezimmer				

43 Spurenlesen

Die Erfindung des Kugelschreibers hat eine nette kleine Vorgeschichte. Sie beginnt bei einem beliebten Kinderspiel: rollende Kugeln hinterlassen Linien auf dem Boden, wenn man sie zuvor in Farbe getaucht hat. Nun, der Kugelschreiber soll entstanden sein, nachdem sein Erfinder einigen Kindern beim Spiel mit feuchten Teerkügelchen zugesehen hatte. Und das ist die wirklich schöpferische Idee eines Menschen mit guter Beobachtungsfähigkeit, plastischer Vorstellungsfähigkeit, kurz: eines Menschen mit ausgezeichnetem anschauungsgebundenen Denken.

Was wäre aus unserem Kugelschreiber wohl geworden, hätten jene Kinder nicht mit Kugeln, sondern mit Dreiecken und anderen Formen gespielt? Aber: vielleicht versuchen Sie zunächst einmal, sich die Figuren vorzustellen – ob Ihnen dann auch eine Erfindung durch den Kopf schießt? Trainieren Sie inzwischen Ihre Vorstellungsfähigkeit in den folgenden Aufgaben:

Bei einem Rad, das gerollt wird, bleibt der Mittelpunkt, die Achse, immer gleich weit von der Grundlinie entfernt. Der exzentrische Punkt zeichnet eine geschwungene Linie.

Was für Bogenführungen erhalten wir, wenn wir die Figuren auf Seite 68 nach rechts abrollen? Der oben angegebene Punkt soll dabei die Linie zeichnen.

Bei diesen Aufgaben erleichtern Sie sich die Lösung, wenn Sie aus Pappe ein kleines Modell schneiden. Auch neue Bogenführungen können Sie dann selbst erfinden.

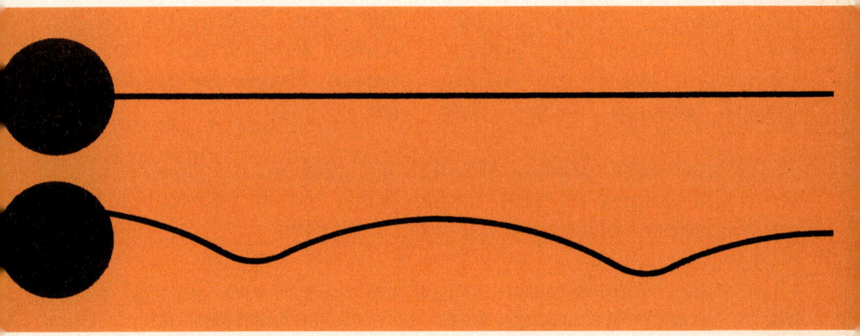

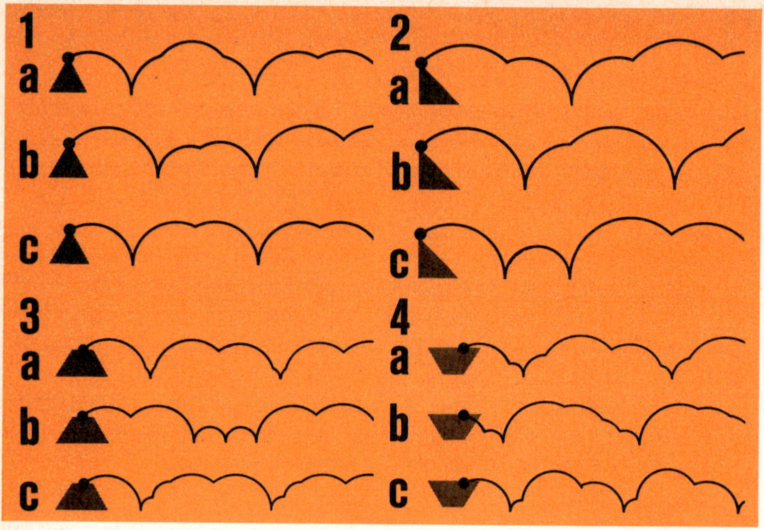

44 Zahlensprache

Sollen Sie die Lebensversicherung nun abschließen oder nicht? Der Vertreter hat Sie mit Zahlen überschüttet: Vertragssumme, Verzinsung, Monatsprämie, monatliche steuerliche Minderbelastung, Gewinnausschüttung usw. Wenn der Versicherungsmann Ihnen nur nackte Zahlen genannt hätte, fiele Ihnen die Überprüfung leichter. Aber er hat die Zahlen in lauter gewandt formulierte Sätze eingekleidet. Ihr Kopf brummt noch. Wörter, Wörter, Wörter . . .
Aber auch das können Sie üben: Die süßen Zahlenkerne aus den rauhen Wörterschalen herauszupicken. Fangen Sie gleich damit an.

1 Pit hat Pech gehabt. Mit 420 DM ging er zur Spielbank, mit 19,75 DM kommt er nach Hause. Dabei hat er nur für 67,70 DM gespeist und getrunken. Wieviel hat er verspielt?

2 Viermal hintereinander verdreifachte sich Sonjas Gewinn. Wieviel hat sie das erste Mal gesetzt, wenn sie nun 3240 DM besitzt?

3 Alexej verliert durchschnittlich bei 3 von 4 Spielen je 1/5 seines Einsatzes. Jedes 4. Spiel gewinnt er durchschnittlich 3 DM. Wieviel sollte er bei den Einzelspielen durchschnittlich einsetzen?

4 So erzielt Maren ihre Gewinne bei der Lotterie: „Mit einem hübschen Kapital fing ich an, bis ich dieses Kapital um 4/5 erhöht hatte. Dann folgte eine Pechsträhne. Ich hatte nur noch 40 Prozent des Anfangskapitals. Schließlich konnte ich noch 250 Prozent dazugewinnen. Nun habe ich 350 DM." Wieviel hatte Maren zu Beginn, nach dem ersten größeren Gewinn und der Pechsträhne? Wieviel hat sie gewonnen?

5 Mister Y wettet nach dem uns unbekannten System RV. Er bekommt bei einer Rendite seines Kapitals von 24 Prozent jährlich in dem Zeitabschnitt zwischen Silvester und seinem Geburtstag 1600 DM. Nach weiteren 2·Monaten sind es dann schon 400 DM mehr. Wann hat Mister Y Geburtstag, wie hoch ist sein Kapital am Geburtstag?

6 Drei Freunde haben auf verschiedene Pferde gesetzt, jeder insgesamt 50 DM. Ihre Gewinne: 23,8 Prozent, 3/7 und der 3. Teil. Wer hat am meisten gewonnen, wer am wenigsten?

7 Ein Totogewinn von 231 000 DM wird in einer Tippgemeinschaft aufgeteilt, entsprechend den verschiedenen Einsätzen:

Name	Einsatz	Gewinn
A	1/3	
B	2/5	
C	8 2/3 Prozent	
D	18 Prozent	
		231 000 DM

Wie hoch waren die einzelnen Gewinne?

8 Im Spielkasino verliert Herr Weniger jeweils 50 Prozent seines Vermögens bei jeder Runde. Er beginnt mit 101,11 DM. Hat man weniger als 1,11 DM, kann man nicht mehr spielen. Wie viele Runden kann Herr Weniger mithalten?

9 Herr Glück hat eine Gewinnstrategie ausgetüftelt. Bei einem verfügbaren Kapital von 25 000 DM kann er 3752 DM jährlich gewinnen. Wieviel Kapital benötigt er, um in 1 3/4 Jahren 9849 DM zu erspielen (ohne Zinseszinsen).

10 Nach einem Abend am Spieltisch rechnet Schlau. Er möchte wissen, wieviel er durchschnittlich bei einem Einsatz von 10 DM gewann. So verlief der Abend:

Einsatz	Gewinn
20	3
50	6
15	10
60	15
5	–10
30	30

45 Druckfehlerteufel

Kindern macht es in der Schule oft großes Kopfzerbrechen, Lehrer sind der Ansicht, daß es damit immer mehr bergab geht – hier finden Sie es wieder: das richtige Schriftbild oder die Rechtschreibung. Hier ist es gleich eine richtige Druckfehlerteufelei, denn so falsch kann einer allein gar nicht schreiben. Selbst der ehrenwerte Herr Filser nicht.
Lesen Sie deshalb diesen Ausschnitt aus einer Werbeabhandlung, mehr, um Ihre Konzentrationsfähigkeit zu üben, und weniger, um versäumte Lehrstunden im Rechtschreiben nachzuholen.

Ganz ähnlich stet es mit „schueßlich schmeckenten" Artzneimiteln und „brenenden" Antisebdika, dei bie Schnitt- und Kratzwunden benuzt wenden. Die meisden Menschen würdem zwar auf eine dierekte Frage erwiedern, sie hätten lihber angenem schmeckende Medizihn und Antisertika, die nicht brenmen, aber ein sehr großer Tiel sebst dieser Menschen neigt dazu, einem Medikanent ohne unangenehme Neberscheinungen zu mießtrauen: Sie sind nich sicher, daß es wirklich hilf! Dafier gibt es eine Ahnzal teifriechender Gründe, die wichtigste ist fielleicht, das man sbüren kann, wie Krankheitzkaime und Kranghеiten „vertriepen" werden. Noch imer verdannkt der Taifelsdreck (asa foetida) seinen Platz im Brietischen Arzneipuh dem Umstand, das sein Fäulnißgestank Teuffel vertriebt! (Die verückten Ausensaiter der Motifforschunk würden warscheinlich behaubten, dei Menchen wollten ein schmertzhaft-brennendes Antisebtikkum, um sich zu bestraffen und ihr Schuldgefiehl zu besähnftigen, das sie so böß gewessen sint, sich zu schneiten.) Es loont nicht, näher auf alle diese Binge einzugehn, Patsache ist, daß „scheißlicherr Geschmak“ und „Brenen“ für grose Befölgerungsgrubben sehr wiechtige Bestanteile eines Arzneimiddels sint, und das ein Faprikand siech unter Umbstenden schatet, wen er sei zu mieldern verssucht.

46 Labyrinth

Selten werden Sie ein Straßennetz finden, das so kompliziert angelegt ist wie dieses hier. Aber wenn Sie sich hier zurechtfinden, können Sie sich in einer Stadt, die Sie noch nicht kennen, besser orientieren. Übertragen Sie diese Erfahrungen. Merken Sie sich, welche Wege Sie zurückgelegt haben, und zeichnen Sie im Kopf mit, welche Abbiegungen Sie gegangen sind. In unserem Labyrinth fehlt Ihnen der Ariadnefaden. Den müssen Sie schon selber spinnen. Versuchen Sie, den kürzesten und den längsten Weg zwischen den Orten A, B, C, D, E, F festzustellen.

Zeichnen Sie einmal die richtigen Wege auf ein Blatt Papier. Damit prägen Sie sich die richtige Fährte schnell ein.

47 Steckbriefe

Eine Sprache ohne Vergleiche ist langweilig wie eine Wand ohne Bilder. Sie brauchen sich nicht so blumenreich wie ältere Orientalen auszudrücken. Aber durch sinnvoll verwendete Vergleiche gewinnt Ihre Sprache an Ausdruck und Überzeugungskraft. Auf welche Ihrer Freunde und Bekannten treffen einige der folgenden Vergleiche am besten zu – welche Erfahrungen und Erlebnisse können Sie mit den übrigen beschreiben?
Finden Sie möglichst viele Vergleiche zu jedem dieser Wörter:

... wie ein Fisch	... wie ein Partylöwe	... wie ein Fuchs
... wie ein Wasserfall	... wie ein Pudel	... wie ein Flußdampfer
... wie ein Nachthimmel	... wie eine Fee	... wie die Nacht
... wie ein Beamter	... wie ein Traum	... wie Gold
... wie ein Sonnentag	... wie ein Hauch	... wie ein Rausch
... wie ein Familienvater	... wie Glas	... wie das Meer

48 Fehltritte

Stellen Sie sich vor, Sie würden in einem Quiz mitmachen. Es geht darum, in möglichst kurzer Zeit möglichst viele originelle Einfälle zu haben und dabei noch logisch zu denken. Übrigens: In dieser Situation befinden Sie sich oft, wenn etwas nicht klappt. Sie überlegen dann, wie das Problem zu lösen ist und was nicht verwirklicht werden kann.
Nennen Sie jeweils sieben Dinge:

Was Sie unter Freunden nicht tun können:
Was Sie in einem Flugzeug nicht tun können:
Was Sie beim Fernsehen nicht tun können:
Was Sie beim Bergsteigen in einer Seilschaft nicht tun können:
Was Sie in einem Segelboot nicht tun können:
Was Sie auf dem Eis nicht tun können:
Was Sie im Badezimmer nicht tun können:
Was Sie in einer Telefonzelle nicht tun können:
Was Sie am Äquator nicht tun können:
Was Sie in einem Rotor nicht tun können:
Was Sie am Nordpol nicht tun können:

Was Sie unter Wasser nicht tun können:
Was Sie in einem Freiballon nicht tun können:
Was Sie allein nicht tun können:
Was Sie zu zweit nicht tun können:

49 Countdown

Ein völlig neues Pharaonengefühl genießen Sie, wenn Sie sich mit unseren Zahlenpyramiden beschäftigen. Sie sehen: Einige Quader sind mit Zahlen ausgefüllt, andere nicht. Ihre Aufgabe: Sie sollen alle Quader ausfüllen, und zwar so, daß sich aus zwei nebeneinanderliegenden Zahlen die darüberliegende ergibt. Meist erreichen Sie das durch Addieren; Ausnahmen sind ausdrücklich vermerkt. Sie können von unten nach oben oder auch von oben nach unten bauen. Finden Sie jeweils alle Lösungen, und setzen Sie Ihren Ehrgeiz darein, immer den elegantesten Lösungsweg einzuschlagen, das heißt: den einfachsten, am leichtesten zu bewältigenden. Schwitzen ist nämlich kein Zeichen von Eleganz.

Fünftes Trainingsfeld

„. . . aber seine Frau ist intelligenter als er" – „Das war keine sehr intelligente Antwort" – „Ein bißchen intelligenter hättest du dich schon anstellen können" und so weiter: Achten Sie einmal darauf, wie oft die Worte „Intelligenz" und „intelligent" in solchem Zusammenhang fallen. Der Hintergrund ist immer der gleiche: Intelligente Menschen sind angesehener als Dummköpfe; sie erringen mit großer Sicherheit die beruflichen und gesellschaftlichen Positionen, von denen weniger Intelligente kaum zu träumen wagen.
Erinnern Sie sich also stets daran: Intelligenz ist keine milde Gabe des launischen Schicksals, sondern eine Eigenschaft, die Sie selber planmäßig entfalten und weiterentwickeln können.
Seien Sie nicht neidisch auf Leute, die intelligenter sind als Sie. Sorgen Sie dafür, daß die Leute Sie um Ihre Intelligenz beneiden.

50 Schlagzeilen

Es gibt Situationen, die sich mit einem einzigen Schlagwort besser beschreiben lassen als mit einem langatmigen Text. Finden Sie zu den folgenden Mini-Geschichten Titel, die aus möglichst wenig Wörtern bestehen:

. . . .
Der millionste Gastarbeiter, der von der Münchner Verteilungszentrale zu seinem Arbeitsplatz weitergeleitet wurde, wurde am Donnerstag auf dem Münchner Hauptbahnhof begrüßt. Der Präsident der Bundesanstalt für Arbeit, Josef Stingl, überreichte dem Türken Ismail Bahadir einen Fernsehapparat.

. . . .
Trotz des angespannten Geldmarktes und des bevorstehenden Ultimos waren die Aktienkurse

am Donnerstag gut gehalten. Eine Stütze erhielt die Tendenz durch den festen Markt der Bankaktien, von denen Bayerische Vereinsbank mit 5,50 DM und Bayerische Hypo mit 5 DM die größten Gewinne erzielten.

. . . .

In der Forstenrieder Allee wird zwischen Filchnerstraße und Fritz-Baer-Straße ein Entwässerungskanal eingelegt. Wegen der Arbeiten, die bis Ende März dauern, wird der Verkehr in Nord-Süd-Richtung über die Fritz-Baer-Straße, Rotspitzstraße, Sperlstraße umgeleitet und in der Gegenrichtung über Filchnerstraße und Kriegelsteiner Straße geführt.

. . . .

Für die Einrichtung neuer Abteilungen für Bio-Medizin hat die Stiftung Volkswagenwerk der Technischen Hochschule Aachen und der Universität Erlangen-Nürnberg jeweils 3,5 Millionen Mark zur Verfügung gestellt. Damit ist der Ausschreibungsbetrag für das lange vernachlässigte Gebiet verdoppelt worden. Bisher hat die Stiftung insgesamt 17,8 Millionen Mark für elf Hochschulprojekte zur Förderung der bio-medizinischen Technik vergeben.

. . . .

Eine britische Verkehrsmaschine vom Typ VC-10 hat über britischem Gebiet nach einem Motorenschaden Teile des Getriebes verloren. Der Pilot der Maschine, die sich mit 58 Passagieren an Bord auf dem Flug von London nach New York befand, kehrte nach dem Debakel wieder um und landete das beschädigte Flugzeug sicher auf dem Flughafen der britischen Hauptstadt. Nach Angaben eines Besatzungsmitgliedes fiel kurz nach dem Start eines der Triebwerke aus. Kurze Zeit später setzte ein zweiter Motor aus. Teile der Triebwerke stürzten auf Felder in der Nähe von Caversham, etwa 20 Kilometer westlich des Londoner Flughafens.

. . . .

Behörden der Vereinigten Staaten haben zehn erotische Kunstwerke der schwedischen Sammlung Kronhausen beschlagnahmt. Dies teilte die Humanistische Union in München mit, die zur Zeit unter dem Titel „Erotic Art“ eine Ausstellung der Sammlung Kronhausen in München veranstaltet. Die Besitzer der Kunstwerke haben inzwischen einen Prozeß gegen die amerikanischen Behörden angestrengt. Falls sie dabei verlieren sollten, würden die Stücke vernichtet werden. Bei den Kunstwerken handelt es sich um je eine Arbeit von George Grosz, Hans Bellmer und Karel Appel, ferner um japanische, chinesische und indische Arbeiten.

51 Kastenwörter

Unsere Mitmenschen erwarten von uns, daß wir fortgesetzt gute Einfälle haben. Meist sollen diese Einfälle aber eine bestimmte Form haben; wild wuchernde Phantasie wird weniger geschätzt.

Trainieren Sie die Fähigkeit, sich gezielt etwas einfallen zu lassen. Füllen Sie die untenstehenden Felder jeder Gruppe durch Wörter, die jeweils die gleiche Zahl von Buchstaben umfassen.

		Buchstabenzahl																					
		1	2	3	4	1	2	3	4	5	1	2	3	4	5	6	1	2	3	4	5	6	7
Lebensmittel	1	B	R	O	T	W	U	R	S	T	B	A	N	A	N	E	R	E	T	T	I	C	H
	2																						
	3																						
	4																						
	5																						
Möbel	1																						
	2																						
	3																						
	4																						
	5																						
Küchengeräte	1																						
	2																						
	3																						
	4																						
	5																						
Musik-instrumente	1																						
	2																						
	3																						
	4																						
	5																						

52 Schmuckkästchen

Das Prinzip, nach dem viele Aufgaben gelöst werden, besteht darin: Alle bekannten Elemente werden so geordnet, daß sich ein bestimmtes Muster ergibt. Die Struktur dieses Musters zwingt die noch unbekannten Größen, sich zu erkennen zu geben.
Spielen Sie solche Kombinationsaufgaben einmal genau durch. Die graphischen Zeichen, die Sie hier sehen, dürfen Sie beliebig aneinanderordnen; aber es soll sich jedesmal eine interessante Lösung ergeben. Sie können die Lage der einzelnen Zeichen durch Drehen ändern und die Abstände zwischen ihnen variieren. Die Figuren dürfen sich sogar überschneiden. Suchen und finden Sie für jede Aufgabe zehn reizvolle Lösungen.

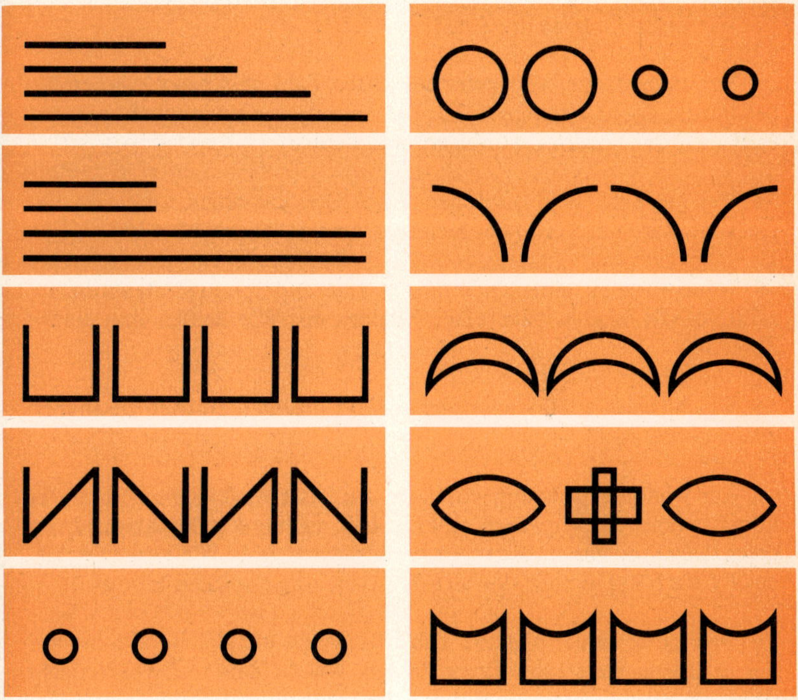

53 Nachlese

In diesem Zahlen-Lotto brauchen Sie jeweils nur eine „Richtige" zu treffen, keine sechs. Kleiner Nachteil: Es besteht keinerlei Aussicht, eine halbe Million zu gewinnen. Gehen Sie ausnahmsweise einmal nicht systematisch vor, sondern probieren Sie drauflos. Für Mathematiker sei es wiederholt: Probieren Sie, rechnen Sie nicht! Mit diesen Übungen schärfen Sie Ihr inneres Augenmaß. Denn daran, daß sie rechnen können, zweifelt sowieso niemand.

1 Sie erhalten 28, wenn Sie zum Quadrat der gesuchten Zahl den dreifachen Wert dieser Zahl hinzuzählen. Welche Zahl wird gesucht?

2 Ziehen Sie von der gesuchten Zahl 3 ab, multiplizieren Sie mit der gesuchten Zahl und halbieren Sie den gesamten Wert, so erhalten Sie 27. Wie heißt die gesuchte Zahl?

3 Der siebenfache Wert einer gesuchten Zahl plus einer zweiten unbekannten ergibt zusammen 30. Die Summe der beiden Unbekannten ergibt 12. Wie heißen die unbekannten Zahlen?

4 Welche Zahl liegt zwischen zwei Quadratzahlen, die von der größeren Zahl um 5, von der kleineren um 6 unterschieden ist?

5 Wenn man zu einer Quadratzahl eine andere Quadratzahl hinzuzählt, erhält man wieder eine Quadratzahl. Wie heißen drei solche Zahlen?

6 Welche zwei aufeinanderfolgenden Primzahlen ergeben zusammen eine Quadratzahl?

7 Ein Wanderer geht nur vorwärts. An jeder Wegkreuzung, an die er kommt, führt ein Weg nach rechts, einer nach links. Der Abstand von einer Gabelung zur nächsten ist jeweils gleich groß. Wie viele verschiedene Ziele hätte er nach der sechsten Gabelung erreichen können?

8 Drei aufeinanderfolgende Zahlen ergeben die gleiche Summe wie der dreifache Wert einer dieser Zahlen. Welche Zahl muß verdreifacht werden?

9 Die Quersumme einer Zahl ist ein Viertel der Zahl. Wie heißt die Zahl?

10 Addiert man fünf aufeinanderfolgende Zahlen, so ist die Quersumme der Summe gleich der mittleren Zahl. Wie heißen die Zahlen?

54 Treffsicherheit

Richtige Entscheidungen zu treffen, ist einfach. Sie brauchen nur vorher alle wichtigen Punkte erkannt zu haben. Hier haben Sie es einfacher (aber immer noch nicht leicht): Ordnen Sie die Gesichtspunkte um. Welcher ist der wichtigste, welcher der zweitwichtigste usw.? Prüfen Sie die Gedanken genau. Einige sind sogar ziemlich abwegig. Und wenn Sie gerade etwas mehr Zeit haben, sollten Sie sich noch andere Antworten zu den Fragen einfallen lassen. Antworten, die bei einer Entscheidung für Sie besonders wichtig wären.

Probieren Sie dieses Denkmodell auch bei Ihren anderen Problemen aus. Formulieren Sie zunächst eine präzise Frage. Sammeln Sie dann Überlegungen zu dieser Frage. Bewerten Sie schließlich diese Überlegungen. Dann fällt die Entscheidung leicht.

Woran erkennt man ein glückliches Ehepaar?

Die Partner tanzen gern. Sie zeigen Ihre Zuneigung in der Öffentlichkeit. Sie streiten selten. Wichtige Pläne verwirklichen sie gemeinsam. Bei schwierigen Aufgaben helfen sie einander.

Warum lieben Männer Frauen mit weiblichen Formen?

Sie denken immer an Kinder. Das liegt in ihrer Natur. Werbung und Mode prägen dieses Leitbild. Sie erhoffen sich von Ihnen mehr Zärtlichkeit. Sie übertragen Erinnerungen an die Mutter auf andere Frauen.

Was lieben Frauen an Männern am meisten?

Betonte Männlichkeit und sportliches Auftreten. Höflichkeit und das Benehmen eines Kavaliers. Gesicherte Position. Charmantes und liebevolles Verhalten. Höhere Schulbildung und aufrichtigen Charakter.

Was spricht für ein gemeinsames Schlafzimmer?

Der hohe Preis für jedes weitere Zimmer. Ehepaare stimmen ihre Wünsche aufeinander ab. Ehepartner können sich mehr unterhalten und aussprechen. Die Frau hat weniger Arbeit. Gemeinsames Aufstehen ist leichter.

Warum sind Frauen gleichberechtigt?

Das gebieten die Menschenrechte. Das ist selbstverständlich (oder ist nichts selbstverständlich?). Männer und Frauen sind gleich. Es gibt wesentlich mehr Gemeinsamkeiten zwischen Mann und Frau als Unterschiede. Die genetischen Unterschiede zwischen Mann und Frau sind gering.

Welche Überlegungen sollten Heiratslustige anstellen?

Ist die Zukunft finanziell gesichert? Selbständig oder unsicher? Wie ist der andere? Welche unterschiedlichen Auffassungen könnten zu Spannungen führen? Hat der Partner eine gute Kinderstube? Zeigen die bisherigen gemeinsamen Erlebnisse, daß sie zusammenpassen?

Warum legen manche Frauen viel Wert auf äußere Erscheinung?

Weil man nur so einen Mann halten kann. Um Unsicherheit zu überspielen. Die Frau hat ein angeborenes Schmuckbedürfnis. In unserer Gesellschaft erreicht man so mehr. Die Männer wollen es so haben.

Warum soll ein Mann im Haushalt mithelfen?

Die Frau wird dadurch entlastet. Es ist für ihn eine Abwechslung. Die Zusammenarbeit macht Spaß. Nur so bekommt er einen Eindruck von der Arbeit der Frau. Bei der Hausarbeit kann man sich gut unterhalten.

55 Harmonien

Unsere Sprache enthält mehr als 100 000 Wörter. Aber aus falscher Bescheidenheit kommen wir im allgemeinen mit 1000 Wörtern aus. Beteiligen Sie sich an der Suche nach seltenen Sprachschätzen. Erweitern Sie Ihr Vokabular, bis Sie imstande sind, selbst den schwierigsten Gedanken auszudrücken, nicht nur ungefähr.
Die folgenden Übungen geben Ihnen Gelegenheit, Ihren „aktiven Sprachschatz" zu erweitern.

Suchen Sie je zehn Wörter, die beginnen mit und enden mit

beginnen mit	und enden mit
A	E
P	L
SCH	R
F	E
T	L
M	T
O	N
G	E
B	M
S	E
L	N
E	L

56 Science fiction

Science fiction – das etwas umständliche deutsche Wort dafür heißt „Zukunftsroman" – begeistert uns auch deswegen, weil immer ein wenig Zauberei damit verbunden ist, sogar Hellseherei. Trainieren Sie Ihren Blick in die Zukunft. Malen Sie sich aus, welche Umwälzungen die folgenden Erfindungen mit sich bringen, und setzen Sie die Reihe dieser Erfindungen mit allen Konsequenzen fort. Überlegen Sie sich jeweils zehn wichtige Folgen.

Jedem Menschen steht ein Supercomputer zur Verfügung, aus dem er sekundenschnell alles Wissen aus 200 selbstgewählten Büchern abrufen kann ...

Ein Medikament ist entwickelt, das gleich alt erhält, solange man es zu sich nimmt ...

Alle Äußerungen jedes Menschen werden in einem Computer gespeichert und sind jedem Menschen zugänglich ...

Reisen in die entlegensten Gegenden werden spottbillig ...

Es gibt eine Droge, die unangenehme Erinnerungen auslöscht ...

Zwischenmenschliche Probleme lassen sich durch psychotherapeutische Behandlung in sehr kurzer Zeit lösen ...

Die moderne Wissenschaft erarbeitet Methoden, nach denen man in derselben Zeit doppelt soviel lernen kann ...

Psychedelica werden jedem Menschen jederzeit leicht zugänglich ...

Völlige Automation macht menschliche Arbeit überflüssig ...

Übersetzungsautomaten ermöglichen ein direktes Gespräch auch zwischen Menschen verschiedenster Herkunft ...

Auf einem Planeten in unserem Milchstraßensystem werden menschenähnliche Lebewesen entdeckt ...

Auf dem Saturn wird ein Bauwerk entdeckt, das dem Turm von Babel gleicht ...

Eine Fortbewegungsart im Raum wird entwickelt, die fast das Doppelte der Lichtgeschwindigkeit erreicht ...

Eine Chemikalie wird entwickelt, mit der Abfallstoffe jeder Art auf ein Tausendstel ihres Volumens verringert werden können ...

Mit Hilfe eines einfachen Verfahrens kann Energie aus dem Erdinneren gewonnen werden, die tausendmal billiger als bekannte Energielieferanten ist ...

57 Wandelhölzer

Für diese Aufgabe brauchen Sie Streichhölzer, ein bißchen Zeit und am besten Gesellschaft. Spielen Sie auf Tempo, nach Punkten gegeneinander oder miteinander – auf jeden Fall enthalten die Streichholzprobleme unserer Aufgabe genügend Zündstoff für Ihr Gehirn. Jede Aufgabe verlangt die gleichen Überlegungen von Ihnen: Das Ziel ist angegeben, die Ausgangssituation auch. Welche Schritte sind nun nötig, um das Ziel zu erreichen? An diesen Aufgaben können Sie übrigens den Erfolg des Trainings sofort kontrollieren. Sie werden nach den ersten Versuchen merken, daß Sie immer schneller und zielsicherer operieren. Das erforderliche Lösungsmuster wird Ihnen immer geläufiger.

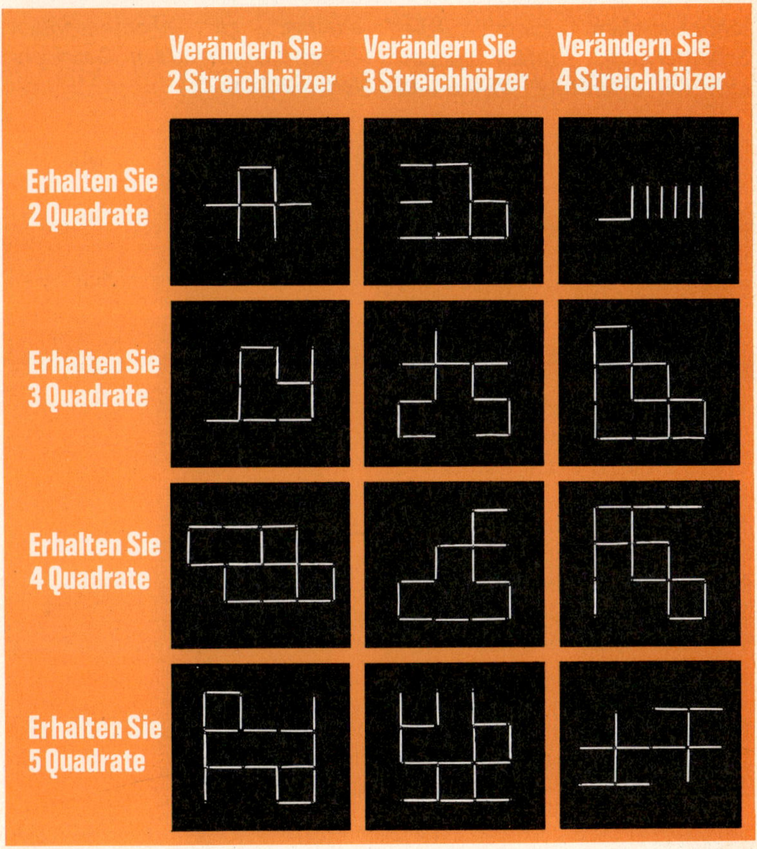

58 Wendepunkte

Es ist eine ebenso alte wie müßige Furcht, daß Intelligenz und Phantasie einander ausschließen. Oder daß sie sogar gegenläufige Kräfte im Menschen sind. Intelligente Menschen seien phantasiearm und phantasievolle wenig intelligent. So nimmt man auch heute noch oft an. Sie werden gleich sehen, wie wenig das stimmt.

Bei diesen Aufgaben erleben Sie, wie sehr Ihre Phantasie vom schöpferischen Einfall lebt. Schöpferische Einfälle setzen aber viel Erfahrung, Wissen und ganz spezielle Kenntnisse voraus– verlangen Kombinationsfähigkeit und große Beweglichkeit im Denken. Sie erleben aber auch, wie Ihre Intelligenz durch schöpferische Einfälle bereichert und abgerundet wird: Ihre Kreativität ist ein Dialog mit den eigenen Einfällen, die ganz abseits Ihrer gewohnten Denkbahnen entstehen – ist ein Vertiefen in Ihre Phantasie.

Lassen Sie sich durch diese Satzanfänge zu phantasievollen Sätzen, auch kurzen Geschichten, anregen:

Immer schmaler schlängelte sich der Pfad, als . . .
Kristallklares Wasser perlte aus dem Felsen. Sie . . .
Blitzschnell erfaßte er die Situation . . .
Als die Sonne im Meer versank, . . .
Vorsichtig tastete er im Dunkeln, . . .
Rasch ging sie auf ihn zu . . .
Während sie sich unterhielten . . .
Schweigend gingen sie nebeneinander her, vor ihm . . .
Ein Paar tanzte einen Walzer, . . .
Er träumte, daß . . .
Nachdem alle fortgegangen waren, begannen sie . . .
Er hatte schon lange gewartet, . . .
Nacheinander erloschen alle Lichter . . .
Bei jedem neuen Geräusch dachte er, . . .
Ein wunderbarer Abend begann . . .
Bald danach fiel ihr ein, . . .
Die Glocke schrillte, . . .
Nachdem er alles eingepackt hatte, . . .
Genußvoll rekelte er sich im Sessel . . .
Erleichtert verließ er das Prüfungszimmer . . .

Elektronische Datenverarbeitung, eine rationelle Technik, die den Menschen von Routinearbeiten befreit und ihm den Spielraum für kreatives Denken schafft.

59 Kombinationen

Was oft als ein großes Problem erscheint, entpuppt sich später als leichte Aufgabe. Oder es ist gerade anders. Man denkt, im Handumdrehen sei es gemacht – und dann beginnt ein interessantes Nüsseknacken. Immer aber kann man das Problemlösen als ein Spiel betrachten. Nach und nach durchschaut man immer mehr, nach welchen Regeln sich das Spielwerk dreht, und dann fällt es einem plötzlich wie Schuppen von den Augen. Lösen Sie bei den folgenden Aufgaben ein Kästchen nach dem anderen, bis Sie die verschiedenen Regeln gefunden ha-

ben. Von Bild zu Bild ändern sich einige Striche in jeder Aufgabe. Doch das geschieht durchaus nicht zufällig. Bei manchen Bildern ist es ratsam, die Veränderungen jedes einzelnen Teiles für sich zu beachten. Dann finden Sie den Zusammenhang leichter. Suchen Sie immer zuerst den Schlüssel für die Veränderungen, so haben Sie ein leichtes Spiel. Es ist dann nur noch ein kleiner Schritt, bis Sie die gesuchte Figur zeichnen können.

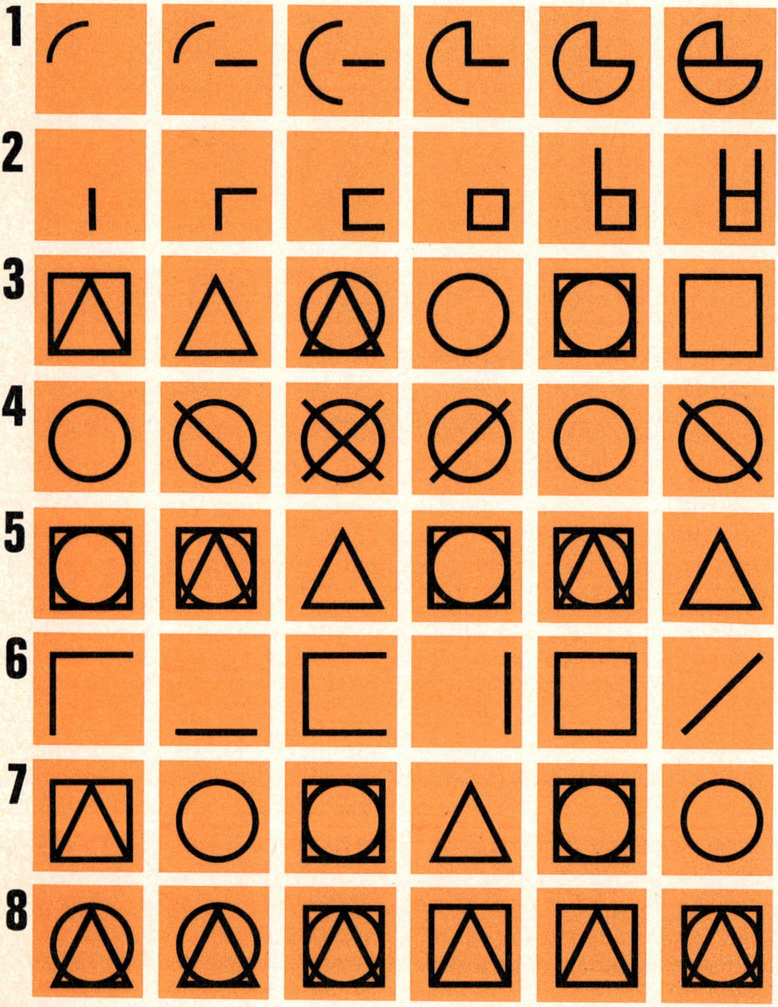

9 

10 

11 

Sechstes Trainingsfeld

Es gibt Menschen, die sind einfach unfähig, sich zu langweilen; Sie gehören dazu, sonst würden Sie sich nicht mit diesem Buch beschäftigen. Und wenn Sie wirklich mal gar nichts zu tun haben, dann knobeln oder tüfteln Sie an irgendeinem zutiefst unwichtigen Problem herum. Kultivieren Sie diese Neigung.

Pflegen Sie Ihre Neugier; lernen Sie, zwischen aktiver und passiver Neugier zu unterscheiden. Denken Sie an das Ehepaar, das Sonntag nachmittags im Fenster liegt und auf die Autobahn starrt: Die Frau gafft bloß stumpfsinnig auf die Blechprozession (es kann natürlich auch der Mann sein); der andere Ehepartner zählt die Autos, die in einer Minute vorüberfahren, schätzt Abstände und Geschwindigkeit und überschlägt, wie viele Autos noch dazu kommen dürfen, bis der Verkehr zusammenbricht.

Nehmen Sie also einen Schluck Quellwasser für den Geist.

1 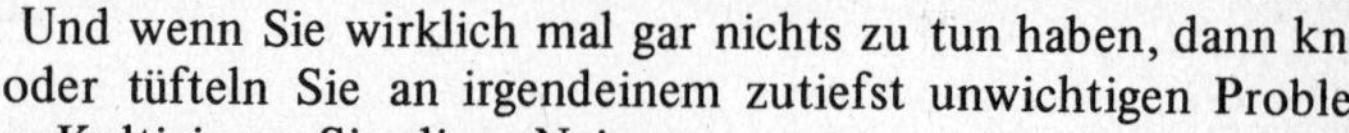

2 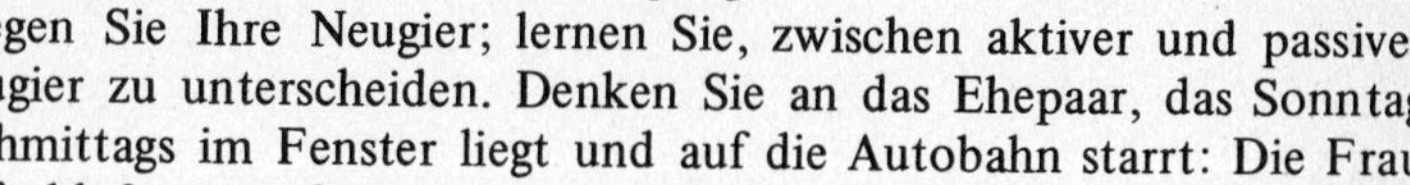

3 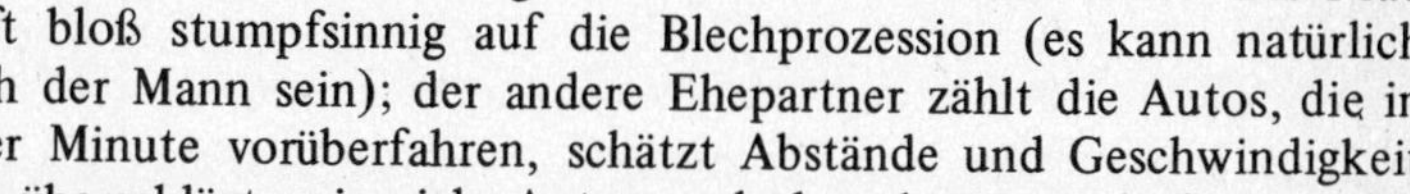

60 Verschlüsselblumen

Wunderbar einfach ist eine wichtige Denkregel: Einen Inhalt oder ein Zeichen durch einen anderen Inhalt oder ein anderes Zeichen ersetzen. Ein Beispiel dafür: Wenn Sie einen Text zu Papier bringen. Sie denken sich einen Satz aus und beginnen dann, Buchstaben für Buchstaben niederzuschreiben, ein Zeichen nach dem anderen. Und was malen Sie dabei auf das Papier? Das Bild des Buchstabens, nicht den – nur gedachten – Buchstaben. Sie setzen für jeden gedachten Buchstaben ein Zeichen ein, tauschen ein Schriftsymbol gegen einen Buchstaben ein. Kompliziert ausgedrückt heißt das „Codieren“, entsprechend einer Regel bestimmte Symbole für etwas anderes verwenden. Übrigens ist auch die Sprache Code für unsere Gedanken.

Steigern Sie Ihr Arbeitstempo bei diesem Spiel. Setzen Sie auf Seite 87 die Zeichen der Zeile 1 in die Figuren der Zeile 2. Es ergeben sich die Figuren der Zeile 3. Lernen Sie, welche Zeichen in die verschiedenen Blumen gehören. Blättern Sie um. Fügen Sie unten in jede Blume das richtige Zeichen ganz aus dem Gedächtnis ein.

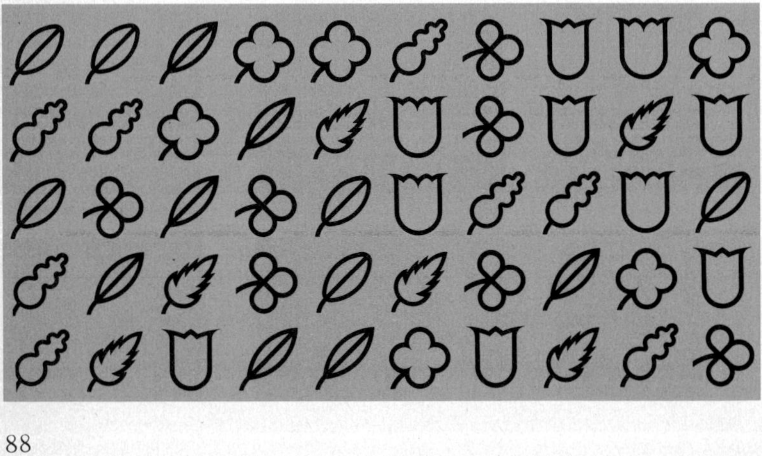

61 Spielverderber

Glauben Sie nicht alles, was Sie sehen! Die folgenden Zahlenfelder sehen so schön ordentlich aus, aber in jedem von ihnen steckt der Wurm (in manchen sogar mehrere). Finden Sie die Muster heraus, nach denen jedes Feld aufgebaut ist, dann haben Sie die Fehler auch schon – fast – gefunden.

1

1	4	7	10	13
3	6	9	12	15
5	8	11	14	17
7	9	13	16	19
9	12	15	18	21

2

4	8	12	16	20
9	5	9	13	17
14	10	6	10	14
18	15	11	7	11
24	20	16	12	8

3

4	5	7	10	14	19
22	17	13	10	8	7
9	10	11	15	19	24
24	19	16	12	10	9
7	8	10	13	17	22
19	14	10	7	5	4

4

10	17	18	19	16	19
17	12	7	8	15	20
14	3	4	15	8	15
13	20	19	16	18	19
10	5	6	7	14	17
17	8	5	16	7	6

5

6	7	8	10	8	7	6
7	8	9	13	9	7	7
8	9	10	11	10	9	8
10	13	11	12	11	13	10
8	9	12	11	10	9	8
7	8	9	13	10	8	7
6	7	8	10	8	7	6

6

36	37	39	42	46	51	71
46	19	22	26	31	21	22
41	17	6	7	9	18	24
37	16	16	1	2	16	27
34	26	11	7	4	21	31
32	21	17	14	18	11	36
31	41	36	32	29	27	26

62 Vogelschau

Aus dieser Sicht werden Sie Ihren Wohnort gewiß nicht oft zu sehen bekommen. Gerade deshalb können Sie an dem Bild auf den Seiten 92/93 Ihre Orientierungsfähigkeit üben und Ihr Verständnis für die Beziehungen verschiedener Bilddetails zueinander. Das Bild zeigt die Stadt Speyer von ganz oben. Versuchen Sie einmal, sich in den Straßen zurechtzufinden. Und ergründen Sie die verschiedenen Gebäude. Welche Verkehrsanlagen erkennen Sie?

1 Wie viele Sportanlagen sind erkennbar?
2 Wie viele Kirchen?
3 Wie viele Brücken?
4 Wo liegt der Bahnhof?
5 Wo ist die Wohndichte am größten?
6 Wo am geringsten?
7 Wo ist gerade Wochenmarkt?

63 Quintett

Was fällt Ihnen ein, wenn Sie das Wort „Paritäten" hören oder lesen? Schiller, Gulbransson, Marceau? Aufwertung, Preissteigerung, Inflation, Export, Ausland, Urlaub?
Täglich konsumieren Sie eine Unzahl solcher Begriffe, und Sie fragen sich: Wo habe ich das schon mal gehört? Manchmal fällt es Ihnen ein, und es macht „klick". Sorgen Sie dafür, daß es immer „klick" macht. In der folgenden Wortliste stehen 30 Begriffe. Immer fünf von ihnen bilden einen Zusammenhang, gehören zusammen. Welche Situationen umreißen sie?

1 Autobahn	11 Vorfahrt	21 Toto
2 Fernschreiber	12 Archiv	22 Einfahrt
3 Taucheranzug	13 Badehose	23 dunkler Anzug
4 Strafstoß	14 Bundesliga	24 Ausschußsitzung
5 Preis	15 Devisen	25 Trainer
6 Glosse	16 Parlament	26 Wechsel
7 Hammelsprung	17 Buchung	27 weißer Kittel
8 Umleitung	18 Führerschein	28 Debatte
9 Scheckkarte	19 Pyjama	29 Pokal
10 Kabinett	20 Feuilleton	30 Schlagzeile

64 Patentlösungen

Viele Erfindungen wurden gemacht, weil die Menschen und die Umstände danach verlangten. Sie geschahen im Auftrag des Arbeitgebers „Menschheit". Manche Erfindungen ziehen sogar zwanghaft weitere Erfindungen nach sich. Dennoch: In jeder Erfindung nimmt menschliche Phantasie gegenständliche Form an. Versuchen Sie sich selber als Auftrags-Erfinder:
Welche Lösung schlagen Sie vor?

Um Kinder jeder Begabung in einer Schule gleich gut zu fördern.
Um Streitigkeiten im Betrieb zu vermeiden.
Um Bildung für alle Menschen zugänglich zu machen.
Um Familien genügend Wohnraum zu bieten.
Um Menschen das Vergessen abzugewöhnen.
Um Arbeitslosigkeit für alle Zeiten zu vermeiden.
Um jedem Menschen ein sorgenfreies Alter sicherzustellen.
Um Kriege grundsätzlich unmöglich zu machen.
Um Wartezeiten im Straßenverkehr schlagartig zu verkürzen.
Um den Austausch von Mitteilungen über jede Entfernung zu erleichtern.
Um die Forschung der Medizin in den wichtigsten Bereichen zu fördern.
Um die Ernährung für alle Menschen in gleicher Weise zu sichern.
Um eine Sprache, die von allen Menschen verstanden und gesprochen wird, zu verbreiten.
Um die immer wieder eintretenden Naturkatastrophen abzuschwächen.
Um alle Menschen in gleichem Umfang am technischen Fortschritt zu beteiligen.

A
B
2
3
4

65 1 × 1 von A–Z

Das Hotel der Ziffern, der kleinen und der großen Buchstaben ist völlig ausgebucht. Alle Zimmer sind besetzt. Aber: Es gibt 26 große Buchstaben, 26 kleine und zehn Ziffern (von 0 bis 9). Macht zusammen 62. Unser Hotel hat aber 187 Zimmer; folglich müssen einige (oder alle?) Gäste mehrfach vertreten sein. (Die Geschäftsführer politischer Parteien kennen das Problem. Sie sprechen in solchen Fällen von „Karteileichen“.)
Finden Sie heraus, welche Ziffern und Buchstaben mehrfach vertreten sind und wie oft jeweils. Übrigens: Es eilt!

a	A	g	x	m	c	J	B	v	h	w	c	s	U	B	s	l
B	E	w	s	b	y	C	U	W	f	l	5	K	j	c	N	e
n	t	T	X	D	q	1	d	R	H	L	P	W	p	F	o	q
z	g	v	A	o	8	P	t	s	N	b	i	e	U	t	D	O
d	l	K	M	k	S	2	a	L	y	o	u	l	o	A	G	U
J	Q	R	H	4	m	F	Z	i	T	X	B	V	z	k	t	Z
W	e	c	S	s	Z	L	r	y	V	v	O	h	n	F	O	m
p	C	M	O	z	l	8	G	T	m	I	n	S	r	x	K	S
t	P	Y	p	C	q	u	w	z	e	M	a	X	b	j	3	Y
x	j	7	l	k	N	I	Q	d	2	J	f	P	d	E	f	x
r	f	E	6	Z	w	A	9	V	i	4	B	V	Y	r	7	u

66 Wortwidrigkeiten

Ungezählte Male am Tag stehen Sie zwischen zwei mehr oder weniger gegensätzlichen Anforderungen, und wenn Sie dort nicht stehen bleiben wollen, müssen Sie sich so oder so entscheiden. Trainieren Sie Ihre Entscheidungskraft. Wenn Sie wissen, was Sie wollen, wissen Sie auch, was Sie nicht wollen. Finden Sie diese Gegensätze jeweils heraus:

1 Der Gegensatz von **uralt** ist:
a zeitnah **b** modern **c** brandneu **d** altertümlich **e** schlagfertig

2 Der Gegensatz von **träge** ist:
a bewegt **b** schnell **c** hastig **d** flink **e** langsam

3 Der Gegensatz von **grell** ist:
a bedeckt **b** dumpf **c** still **d** weich **e** schrill

4 Der Gegensatz von **geschwätzig** ist:
a leise **b** einsilbig **c** flüssig **d** tonlos **e** bescheiden

5 Der Gegensatz von **Liebe** ist:
a Freude **b** Ehe **c** Haß **d** Lust **e** Treue

6 Der Gegensatz von **rennen** ist:
a hüpfen **b** springen **c** laufen **d** gehen **e** schwimmen

7 Der Gegensatz von **glatt** ist:
a eben **b** rauh **c** glitschig **d** gewellt **e** spröde

8 Der Gegensatz von **aufwärts** ist:
a seitwärts **b** rückwärts **c** vorwärts **d** einwärts **e** abwärts

9 Der Gegensatz von **Fisch** ist:
a Kriechtier **b** Wolke **c** Vogel **d** Insekt **e** Vierfüßler

10 Der Gegensatz von **massiv** ist:
a klein **b** kolossal **c** zierlich **d** dünn **e** zart

11 Der Gegensatz von **eiskalt** ist:
a molligwarm **b** unterkühlt **c** glutheiß **d** taufrisch **e** feucht

12 Der Gegensatz von **wissensdurstig** ist:
a träge **b** lernmüde **c** faul **d** neugierig **e** urlaubsreif

13 Der Gegensatz von **Pulver** ist:
a Blei **b** Zucker **c** Stein **d** Stoff **e** Festkörper

14 Der Gegensatz von **einsam** ist:
a lebhaft | **b** gesellig | **c** freundlich | **d** verlegen | **e** umgänglich

15 Der Gegensatz von **freundlich** ist:
a müde | **b** zugeneigt | **c** spaßig | **d** ablehnend | **e** mürrisch

16 Der Gegensatz von **Milde** ist:
a Härte | **b** Güte | **c** Vergebung | **d** Rachsucht | **e** Gewaltakt

17 Der Gegensatz von **gewandt** ist:
a sprunghaft | **b** schwerfällig | **c** verschlafen | **d** abwesend | **e** versonnen

18 Der Gegensatz von **lustig** ist:
a benommen | **b** wach | **c** betrübt | **d** langweilig | **e** sanft

19 Der Gegensatz von **Lob** ist:
a Leid | **b** Glück | **c** Tadel | **d** Verachtung | **e** Mißachtung

20 Der Gegensatz von **warm** ist:
a kühl | **b** eiskalt | **c** lauwarm | **d** sehr warm | **e** kalt

67 Tagesschau

Wie stellen Sie sich den Beruf des Reporters vor? Spannend und aufregend? Vielseitig und beneidenswert? Versuchen Sie es doch einmal. Wir wär's mit einer Reportage? Da kommt es natürlich darauf an, daß Sie Ihre Leser über möglichst viele Einzelheiten informieren, die zum Thema in irgendeiner Beziehung stehen. Alles, was Sie vergessen, wird man Ihnen nachher vom Beifall abziehen, und je mehr Ihnen einfällt, um so lieber wird Ihr Bericht gelesen.
Sammeln Sie zehn Gedanken zu jedem Thema:

Ankunft eines Ozeanriesen im Hafen. Eröffnung eines neuen Straßentunnels. Treffen zweier Staatsmänner eines und eines dritten eines anderen politischen Lagers. Erster Flug mit einem Überschall-Passagierflugzeug mit 500 Passagieren. Abschied von einer vielbefahrenen Eisenbahnstrecke, die wegen Überalterung aufgegeben wird. Interview mit dem Mann, der als erster den Mars betreten hat. Bericht über eine Tiefseetauchfahrt. Beschreibung der Erde aus 100 000 Kilometer Entfernung. Reportage über das Leben eines Lottokönigs nach dem Gewinn von 1 Million. Bericht von einer Schönheitskonkurrenz. Interview mit dem Preisträger des internationalen Filmfestivals. Bericht über Randszenen bei der Olympiade.

68 Schritt für Schritt

Formeln sind die eigentliche Sprache der Wissenschaft. Formeln stellen bestimmte Beziehungen zwischen verschiedenen Elementen präzise dar. Sie sind die Regeln, die Wissenschaftler aus der Wirklichkeit herausdestilliert haben. Formeln sind immer in einer bestimmten Symbolsprache geschrieben, die allen Interessenten bekannt sein muß.

Ziffern sind internationale Symbole. Sie eignen sich deshalb besonders gut, um Formeln aufzustellen. In den folgenden Aufgaben können Sie sich darin üben, Formeln mit Ziffern zu bilden. Destillieren Sie hier die Regel jeder Reihe heraus, bilden Sie die Formel danach und ermitteln Sie dann mit deren Hilfe die folgenden zwei Glieder jeder Aufgabenreihe. So erleben Sie etwas von der Arbeitsweise eines Wissenschaftlers. Üben Sie sich als Forscher.

In jeder der zwanzig Aufgaben sollen Sie die zwei logisch folgenden Glieder finden. Sie brauchen dazu eine oder mehrere der vier Grundrechenarten (Hinzuzählen, Abziehen, Malnehmen, Teilen).

Erste Frage: Wie heißt die Regel, nach der jede Zeile aufgebaut ist?

Zweite Frage: Wie heißen die nächsten zwei Glieder jeder Reihe?

1	1	4	7	10	13	16	19
2	0	1	3	4	6	7	9
3	1	2	4	7	11	16	22
4	0	3	2	5	4	7	6
5	11	12	10	13	9	14	8
6	0	2	1	4	2	6	3
7	1	2	4	8	13	20	28
8	2	3	5	9	17	33	65
9	10	7	5	9	11	6	4
10	2	4	6	4	8	10	8
11	2	4	1	4	9	3	21
12	4	5	3	9	10	8	24
13	4	6	24	12	9	11	44
14	4	3	6	5	15	14	56
15	0	10	9	18	16	24	21
16	0	8	1	6	13	7	35
17	16	15	30	10	8	24	6
18	6	7	9	6	2	10	11
19	4	16	6	36	16	256	226
20	625	125	500	1000	200	800	1600

69 Wortklaubereien

Bei jeder Unterhaltung gebrauchen wir Wörter, mit denen wir unserem Gesprächspartner etwas ganz Bestimmtes sagen wollen. Dabei kann gelegentlich ein falsches Wort zu großen Mißverständnissen führen.
Bilden Sie mit jedem der folgenden Wörter einen Satz und versuchen Sie dann, das eine Wort gegen eines von ähnlicher Bedeutung auszutauschen. Der Sinn des Satzes sollte möglichst gleichbleiben. Ein Beispiel: „Nach einer anstrengenden Arbeitsperiode hilft eine Kur am schnellsten wieder auf die Beine." Tauschen Sie nun das Wort „Kur" aus, ohne den Sinn zu verändern: „Nach einer anstrengenden Arbeitsperiode hilft eine Erholungsreise am schnellsten wieder auf die Beine." Machen Sie es ähnlich mit den folgenden Wörtern:

Schlafwagen	Diät	Abfahrt
Hotel	Spiel	erholsam
Park	angenehm	anregend
Urlaub	interessant	erfrischend
Wandern	schattig	anstrengend
Baden	reizvoll	bekömmlich
Aussichtsturm	sportlich	aufregend
Landschaft	Strand	sonnig
blauer Himmel	Reisefieber	regnerisch
Reise	Ankunft	diesig

70 Fortsetzung folgt

Wenn man erst einmal eine Regel herausgefunden hat, weiß man auch, wie und wo sie anzuwenden ist. Ebenso verhält es sich mit den folgenden Figuren. Setzen Sie die begonnene Reihe fort. Wählen Sie unter den vier vorgeschlagenen Lösungen die richtige und kreuzen Sie dann den Buchstaben der richtigen Lösung an.

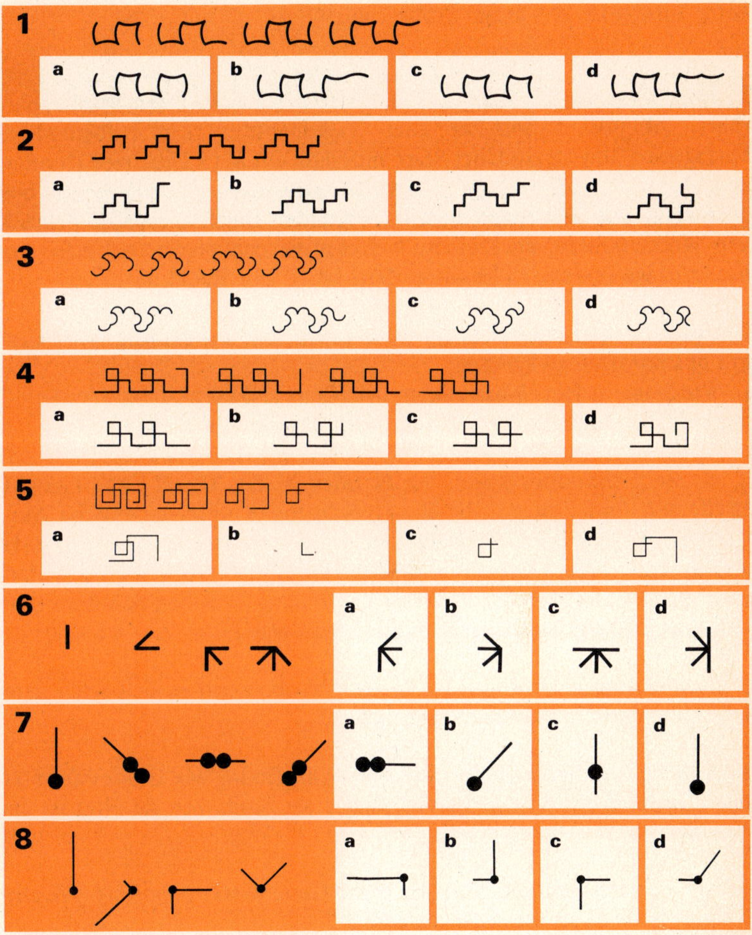

71 Kommissar Maigret

Wann haben Sie zum letztenmal den Wunsch verspürt, es mit Kommissar Maigret aufzunehmen? Hinter seiner Gelassenheit verbirgt sich der schiere Scharfsinn. Er lebt in der Sicherheit folgerichtigen Kombinierens. Die Lücken in einer faulen Beweiskette entdeckt er, lange bevor sein Gegenspieler dadurch entkommen kann.
Hier können Sie sich als Maigret versuchen. Schärfen Sie Ihren Spürsinn: Wie viele Angaben fehlen in jeder Reihe, um die Frage beantworten zu können – und welche sind es?

1 Herr Wassermann reist als Vertreter eines bekannten Markenparfums. Abends notiert er sein Tagespensum: Ein halbstündiges Mittagessen um 12.30 Uhr; Start morgens um 8.15 Uhr; vier Kunden besucht, zwei nachmittags in A-Stadt und C-hausen, bei Schaumkopf nach zwei Stunden Fahrt als erstem Kunden angekommen, in demselben Wolkenkratzer nach einem weiteren Besuch gegessen. Umleitung nachmittags kostete 35 Minuten Zeit. 18.10 Uhr Rückkunft.

Welche Informationen benötigen Sie zusätzlich, um die folgenden Fragen beantworten zu können:

a Wie lange ist Herr Wassermann insgesamt gefahren?
b Wie lange brauchte er für seine Vormittagskunden?

2 Große Fahndungsaktion. Ist N oder X der Täter? Vor Gericht erscheinen fünf Zeugen, die das Gericht durch unterschiedliche Aussagen verwirren. S lehnt die Aussagen von P ab, stimmt aber W zu. H und K lehnen die Aussagen von W ab, stimmen jedoch S zu. P widerspricht W und stimmt H zu. Übereinstimmung zwischen den Aussagen von K und P, und zwischen K und H bleibt offen.

Welche Aussagen benötigt das Gericht noch, wenn es sich nach dem gesunden Menschenverstand entscheidet?

3 Juliette und Emil sind so viel jünger als Bodo, wie Günter älter ist als Juliette. Dora ist um so viel jünger als Emil, wie sie älter ist als Patricia.

In welcher Reihenfolge sind die sechs Geschwister geboren? Welche Informationen benötigen Sie zusätzlich?

4 Maxl und Luise wollen sich heimlich im Wald treffen. Beide fahren gleichzeitig mit ihrem Rad von daheim los, der Abendsonne entgegen. Maxl radelt anderthalbmal so schnell wie Luise. Luise fährt mit einer kurzen Unterbrechung 5 Kilometer. Maxl fährt 16 Stundenkilometer im Durchschnitt.

Wie lange muß Luise auf ihn warten?
Wie lang sind die Wege der beiden?
Welche Informationen benötigen Sie zusätzlich?

5 Zwei Schlagerstars buhlen um die Preisrichtergunst. Sechs Punktrichter können je 6 Punkte vergeben. Jeder Punktrichter gibt insgesamt gleich viele Punkte ab, aber jeder bewertet denselben Star anders.

Mit wie vielen Punkten Vorsprung gewinnt der eine Star?
Welche Informationen benötigen Sie zusätzlich?

Siebtes Trainingsfeld

Vergessen Sie die Albträume Ihrer Jugend und gewöhnen Sie sich daran, daß Lernen Spaß macht. Lernen müssen Sie ohnehin pausenlos; also können Sie es genausogut mit Freude tun.
Außerdem brauchen Sie dann weniger Zeit dazu und behalten besser, was Sie gelernt haben.
Belohnen Sie sich selber für gute Leistungen. Setzen Sie sich ein Ziel, und wenn Sie es erreicht haben – geben Sie sich einen aus. Aber lernen Sie (schon wieder lernen . . .!), die Ziele nicht zu weit zu stecken. Sonst kommen Sie zu selten zum Feiern. (Umgekehrt: Wenn Sie die Ziele zu kurz stecken, macht das Feiern hinterher keinen Spaß!)

72 Strichweise

Keine Angst vor dem Wort Matrix: Das ist eine der bewährtesten Darstellungsformen, wenn es darum geht, die Beziehungen zwischen zwei Größen anschaulich zu machen.
In unseren Beispielen wurde immer ein Zeichen aus der obersten waagerechten Reihe und aus der ersten senkrechten Reihe kombiniert. Dabei sind dem Zeichner neun Fehler unterlaufen. Finden Sie die Fehler heraus.

73 Perspektiven

Ihr Leben sähe natürlich ganz anders aus, wenn Sie von Kindheit an alle Ihre Pläne hätten verwirklichen können. Analysieren Sie in einer ruhigen Stunde einmal die Pläne, die Ihnen heute durch den Kopf gehen:
Welche könnten Sie verwirklichen, welche blieben unrealisiert, welche würden sich ganz anders auswirken, als Sie auf Anhieb glauben? Versuchen Sie, systematisch alle Konsequenzen zu durchdenken. Überlegen Sie doppelgleisig: Einmal gehen Sie nur von den Informationen aus, die Ihnen im Augenblick zugänglich sind, und einmal ziehen Sie alle Ereignisse in Erwägung, die störend oder fördernd eintreten können.
Zur Übung können Sie aber auch von den folgenden Anregungen ausgehen:

Was würde geschehen, wenn für die Ausbildung und Erziehung jedes Kindes mehr Geld aufgebracht würde?

Was würde geschehen, wenn wir alle durchschnittlich pro Woche nur noch 30 Stunden arbeiten müßten?

Was würde geschehen, wenn jeder Mensch auch eine allen Menschen gemeinsame Sprache sprechen könnte?

Was würde geschehen, wenn alle Menschen jederzeit miteinander telefonieren könnten?

Was würde geschehen, wenn der Meeresspiegel sich in den nächsten Jahren um 15 Meter senken würde?

Was würde geschehen, wenn jeder Mensch den Beruf ausüben würde, der ihn in jeder Hinsicht befriedigt?

Was würde geschehen, wenn jeder Mensch ein Auto hätte?

Was würde geschehen, wenn jeder Mensch genügend Wohnraum hätte?

Was würde geschehen, wenn jeder Mensch 25 Prozent seines Einkommens sparen könnte?

Was würde geschehen, wenn jeder Mensch malen würde?

74 Tatarenwörter

Wenn wir Briefe von Freunden oder Bekannten bekommen, tasten wir uns oft buchstabierend durch den Sinn des Textes. Je prägnanter wir uns jedoch eine Vorstellung machen, wie unser Partner die Buchstaben schreibt, desto leichter kommen wir voran. Auch mit Druckbuchstaben können wir üben: mehr oder weniger leicht lesbare Wörter erkennen. Um welche Wörter handelt es sich hier?

1 Das brauchen Sie für Ihre Reise:

a Hut
b Koffer
c Schirm
d Mantel
e Flugschein
f Reisescheck
g Pass
h Kamera
i Brille
j Laune

2 Das erwarten Sie von Ihrer Reise:

a Badereise
b Schwimmen
c Bräunen
d Sonnenöl
e Segeln
f Entspannung
g Tennis
h Minigolf
i Festival
j Flirten

3 Und das bringen Sie von Ihrer Reise heim:

a Fotos
b Souvenirs
c Bräune
d Erinnerung
e [illegible]
f Heimweh
g Freundschaft
h Tips
i Erholung
j Erfahrung

75 Argumente

Wenn ein Pilot startet, ist das eine schwerwiegende Entscheidung. Bei der Vorbereitung dieser Entscheidung hilft ihm die Check-Liste, die er sorgfältig, Punkt für Punkt, abzuhaken hat. Aber auch auf der scheinbar sicheren Erde stehen Sie täglich vor neuen Entscheidungen. Um sich Ärger und Enttäuschungen zu ersparen, müssen Sie vor jeder Entscheidung vielerlei Gesichtspunkte prüfen und gegeneinander abwägen.
Üben Sie sich darin. Finden Sie rasch zu jeder der folgenden Entscheidungen zehn verschiedene Gesichtspunkte, die zu beachten sich lohnt.

Sie stehen vor der Entscheidung,

... die Vertragssumme einer Lebensversicherung festzulegen.
... eine Tageszeitung zu abonnieren.
... ein Auto zu kaufen.
... einen Prozeß zu riskieren.
... in ein Land zu reisen, in dem Unruhen ausgebrochen sind.
... einen Mondflug zu buchen.
... Ihre Stimme bei einer Wahl abzugeben.
... sich für einen anderen Beruf ausbilden zu lassen.
... Ihrem Vorgesetzten eine Versetzung in eine andere Abteilung vorzuschlagen.
... an einem öffentlichen Quiz teilzunehmen.
... ein Haus zu bauen.
... am 1. Oktober eine fünfmonatige Reise anzutreten.
... alle elektrischen Einrichtungen in Ihrer Wohnung sechs Tage lang außer Betrieb zu setzen.
... in ein anderssprachiges Land auszuwandern.
... sich und Ihre Angehörigen für ein Jahr mit allen Vorräten des täglichen Bedarfs zu versorgen.

76 Holzwege

Kennen Sie den? „Alle Menschen sind Zweibeiner. Pfauen sind Zweibeiner. Also ist der Pfau ein Mensch."

Diese Logik ist ein Witz. Warum? Ein einziges Merkmal, die Zweibeinigkeit, wird hier verallgemeinert, als ob Menschen und

Pfauen nichts anderes als Zweibeiner wären. Ziehen Sie daraus Ihre Schlüsse – Ihre logischen Schlüsse. Und zwar in den folgenden Aufgaben: Die ersten zwei (beziehungsweise drei) Sätze enthalten jeweils Feststellungen, die folgenden fünf je einen Schluß. Gehen Sie davon aus, daß die Feststellungen logisch richtig sind – wenn auch nicht sehr ernst zu nehmen. Prüfen Sie nur nach, ob die gezogenen Schlüsse zulässig sind. Manchmal ist nur eine Schlußfolgerung richtig, manchmal mehrere. Hier kommt es auf jedes einzelne Wort an.

1 A Alle Männer lieben hübsche Mädchen.
B Viele Frauen sind hübsche Mädchen.
Schlüsse:
a Männer sind mit hübschen Mädchen bekannt.
b Mindestens ein Mann ist mit einem hübschen Mädchen bekannt.
c Hübsche Mädchen lieben manchmal Männer.
d Männer lieben mindestens ein hübsches Mädchen.
e Ein Mann liebt viele Frauen.

2 A Alle Frauen heiraten gerne.
B Viele Männer sind verheiratet.
Schlüsse:
a Viele Männer sind mit allen Frauen verheiratet.
b Frauen, die heiraten, haben einen Ehemann.
c Eine bestimmte Frau heiratet gern.
d Viele Frauen sind mit Männern verheiratet.
e Ein Mann heiratet gern eine Frau.

3 A Manche Männer lieben Mädchen mit langen Haaren.
B Alle Männer sind Casanovas.
C Manche und viele = alle.
Schlüsse:
a Viele Männer lieben Mädchen mit langen Haaren nicht.
b Hübsche Mädchen haben lange Haare.
c Keine Frau ist ein Casanova.
d Alle Casanovas lieben Mädchen mit langen Haaren.
e Manche Casanovas lieben Mädchen mit langen Haaren.

4 A Eine Freundin ist kein Junggeselle.
B Junggesellen sind Sexmuffel.
Schlüsse:
a Sexmuffel sind Junggesellen.
b Manche Sexmuffel sind Junggesellen.
c Es gibt keinen Junggesellen, der eine Freundin hat.
d Eine Freundin kann ein Sexmuffel sein.
e Ein Sexmuffel ist keine Freundin.

5 A Frauen mögen Zärtlichkeit.
B Wer zärtlich ist, bringt es weit im Leben.
C Männer können zärtlich sein.
Schlüsse:
a Manche Männer können es im

Leben weit bringen.
b Manche Männer bringen es im Leben weit.
c Wer es im Leben weit bringt, wird von den Frauen geliebt.
d Männer mögen die Zärtlichkeit der Frauen.
e Frauen mögen Männer.

77 Kreuz und quer

Wohin Sie auch kommen: Die Regeln sind schon da. Sie dürfen bei Rot nicht über die Kreuzung fahren, zum Smoking keine grünen Wollsocken tragen, Sherry nicht in den Kühlschrank stellen und einer Bouillabaisse nicht mit Suppenwürfeln auf den Geschmack helfen.
Rächen Sie sich. Erfinden Sie selber Regeln, nach denen andere sich gefälligst richten sollen. Ersinnen Sie Zahlenreihen und bringen Sie sie in gefällige geometrische Muster. Lassen Sie hier und dort eine Zahl weg, wo ein Kreis ist. Es ist Sache Ihrer Mitmenschen, die fehlenden Zahlen 'rauszukriegen. Das schaffen sie aber nur, wenn Sie zuvor die Regeln durchschaut haben, nach denen Sie die Zahlenreihen aufgebaut haben. Hübsch, nicht wahr?

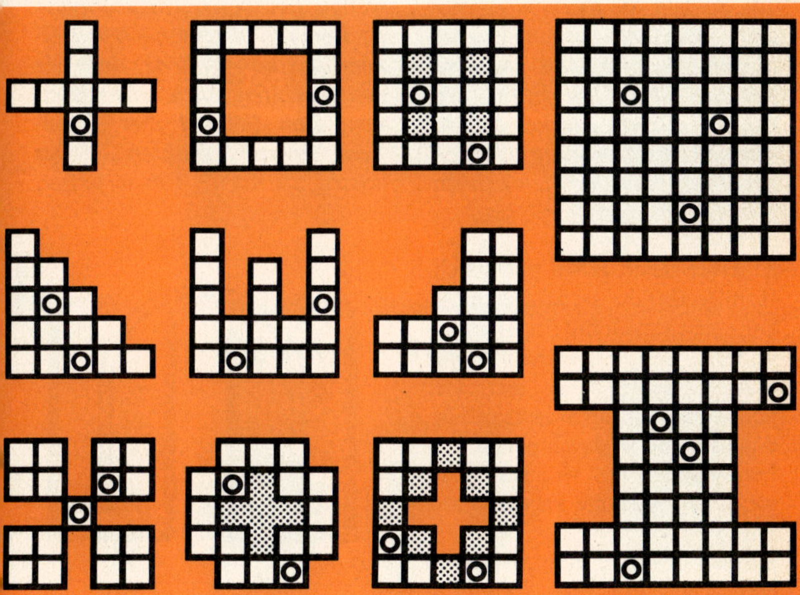

Beim fahrenden Auto drehen sich alle vier Räder im gleichen Sinn, glücklicherweise. Im Differential und im Getriebe desselben Autos geht es schon komplizierter zu; aber das sieht man ja nicht, glücklicherweise. Sie aber sollten sich zumindest vorstellen können, was in einem Getriebe so alles passiert, was in einem Hochofen, was in untereinander verbundenen Flüssigkeitsbehältern. Das Schöne an der Technik ist nämlich, daß hier alles nach den Gesetzen der Logik vor sich geht. Um die folgenden Aufgaben zu lösen, brauchen Sie also weder Mathematiker noch Physiker noch Chemiker zu sein.
Wie suchen Sie in Ihren eigenen vier Wänden nach Fehlern? Systematisch, planlos, oder rufen Sie gleich um Hilfe? Mal rutscht nur ein Stecker aus der Fassung, die Sicherung ist durchgebrannt, oder der Badewannenabfluß ist verstopft. Wie helfen Sie sich da? Sie vermuten den Fehler vielleicht in einem Teil der gesamten Anlage und gehen nun auf Entdeckungsreise. Finden Sie den Fehler gleich, ist alles gut. Andernfalls ist es besser, wenn Sie es systematisch probieren.
Bei den folgenden Aufgaben können Sie mit Gedanken spielen, ohne gleich im Dunkeln zu sitzen. Setzen Sie diese vereinfachten Gegenstände gedanklich in Bewegung, verfolgen Sie alle Abläufe weiter. Wählen Sie dann das Schema: Wenn dies so verändert wird, dann passiert erstens ... zweitens ... und so weiter. Bei dieser Aufgabenreihe ist Ihnen vielleicht noch mit einem Lexikon gedient, dem Sie kleine Hilfen entnehmen können, zum Beispiel über „Kommunizierende Röhren". Das wissen Sie noch? Um so besser.

1 Zwei gleich große und gleichförmige Gefäße sind durch einen Gummischlauch miteinander verbunden. Gefäß A enthält 2 Liter Wasser, Gefäß B ist leer. Der Schlauch C ist mit Wasser gefüllt, das Ende in B durch eine Klemme verschlossen. Was geschieht, wenn die Klemme abgenommen wird?
a Nach wenigen Minuten ist A leer, B enthält 2 Liter Wasser. **b**

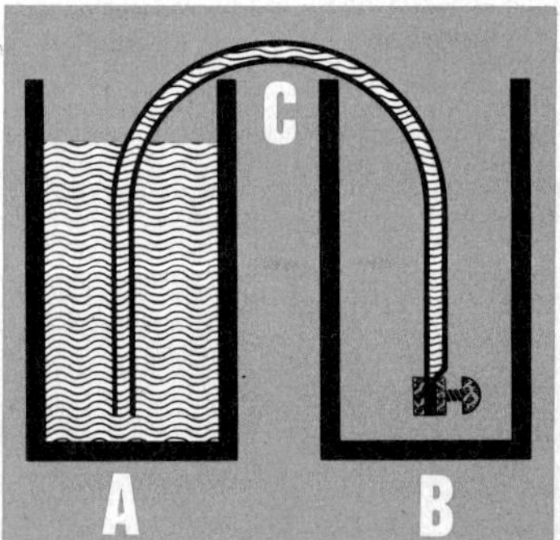

1

Die Hälfte der Wassermenge fließt nach B. **c** Der Inhalt des Schlauches entleert sich nach A. **d** Im Schlauch fließt kein Wasser.

2 In einem hitzefesten Tiegel befinden sich die Stoffe Gußeisen, Messing, Aluminium, Blei, Zinn, Paraffin und Butter, von jedem ein Volumen von 2 Litern. Die Stoffe, die hier in der Abfolge ihres Schmelzpunktes (1150 Grad Celcius [°C] 900 °C, 660 °C, 327 °C, 232 °C, 50 °C, 32 °C) aufgeführt sind, werden sehr langsam und gleichmäßig erhitzt. Welche Stoffe finden sich in Gefäß B (1 Liter Inhalt), wenn Tiegel A auf 280 °C erhitzt ist?

a Ein Drittel Butter, ein Drittel Paraffin, ein Drittel Zinn. **b** Ein Drittel Paraffin, zwei Drittel Butter. **c** Zinn und Blei. **d** Zinn.

3 Von dem Gefäß A fließt Wasser in verschiedene andere Gefäße über einen Schlauch. Wie ist später das Wasser verteilt, wenn Sie davon ausgehen, daß der Rauminhalt der Gefäße der abgebildeten Gefäßgröße entspricht? (Wasser in Rohren nicht beachten.)

Gefäße	A	B	C	D	E
a	3,25	1,0	1,0	1,0	0,25
b	2,25	1,5	1,5	0,75	0,75
c	2,0	2,0	1,5	0,25	0,75
d	1,0	2,0	2,0	0,75	0,75

4 Metalle dehnen sich unterschiedlich aus, bei Erwärmung zum Beispiel E(isen) weniger als K(upfer), Kupfer weniger als M(essing). Je zwei dieser drei

2

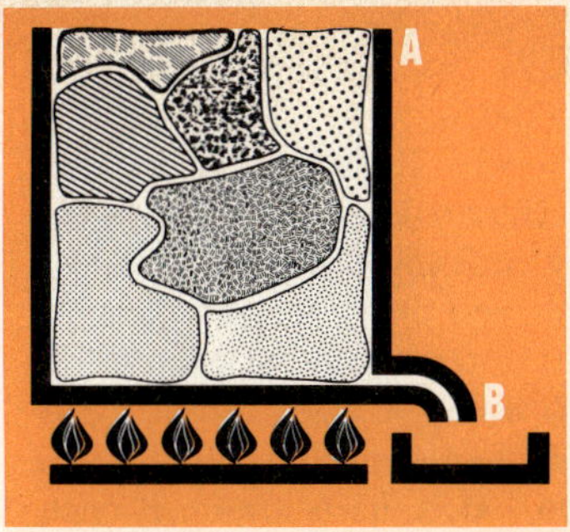

3

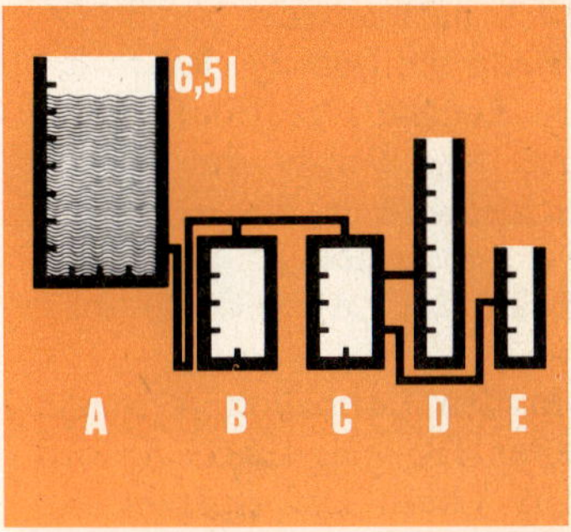

4

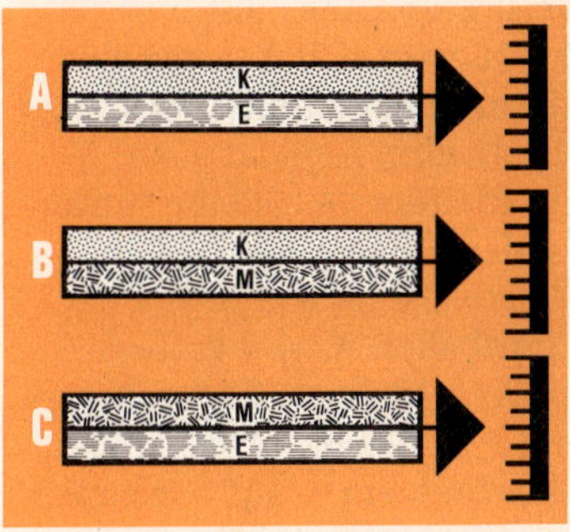

5

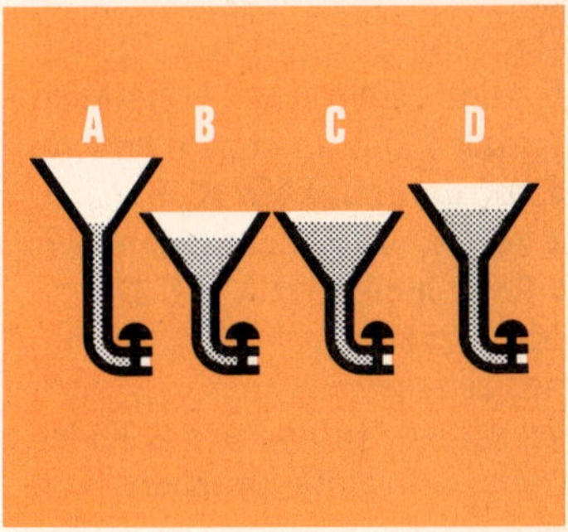

Metalle sind als Bimetallstreifen verbunden.
In welche Richtung biegen sich die Bimetallstreifen bei Abkühlung um einige Grad?
a A nach oben, B nach oben, C nach unten. **b** A nach unten, B nach unten, C nach unten. **c** A nach oben, B nach unten, C nach oben. **d** A nach unten, B nach oben, C nach unten.

5 Wenn die Düse bei jedem der vier Gefäße geöffnet wird, spritzt das Wasser der Gefäße verschieden weit. Was ist richtig:
a am weitesten A, am wenigsten B; **b** C, A; **c** C, B; **d** D, B?

6 In den Luftballon A ist ein zweiter (B) eingeführt. A wird mit 5 Litern Luft aufgeblasen, danach B ebenfalls mit 5 Litern. Wie verändert sich A, wenn B bei 5 Litern Inhalt platzt?
a Luftballon A platzt auch.
b Luftballon A bleibt unverändert.
c Luftballon A wird kleiner.
d Luftballon A wird größer.

7 Zwei gleiche Federwaagen hängen in einem Abstand von 40 Zentimetern auf gleicher Höhe. Ein Rohr (32 Gramm, 80 Zentimeter lang) wird gewogen. Bei mehreren Wägungen hängt das Rohr an der Federwaage I bei den Punkten A, B, C, D. Was zeigen die Federwaagen an?
Das Rohr hängt bei A B C D
Waage I zeigt:
Waage II zeigt:

8 In einem Raum ist das Kippfenster ein wenig geöffnet. Ge-

6

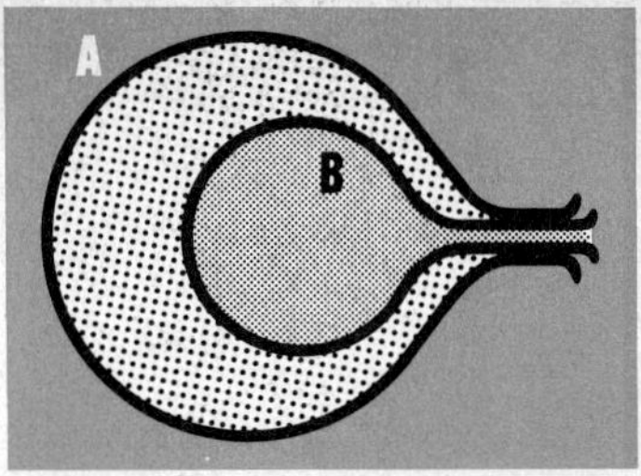

7

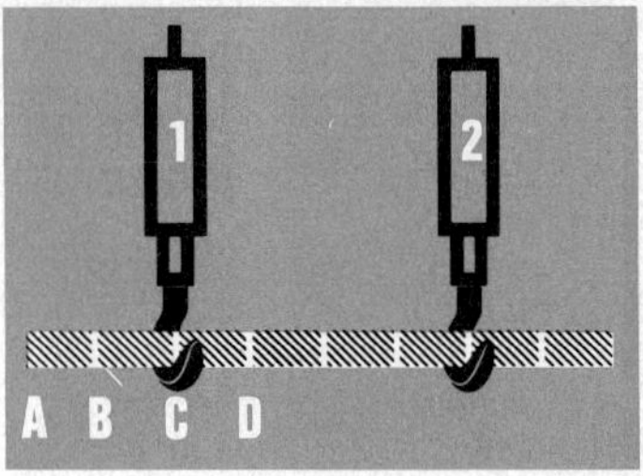

8

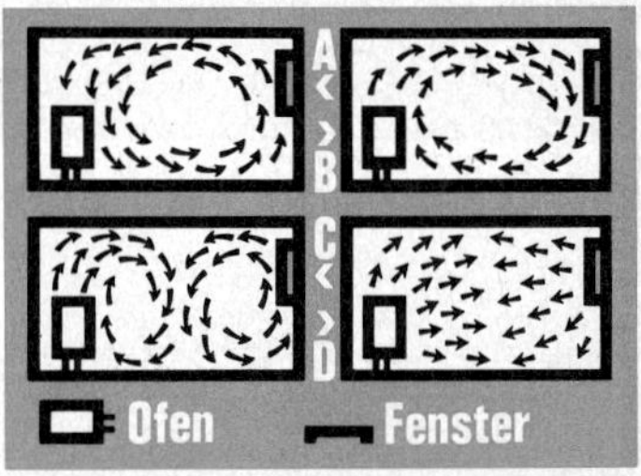

9

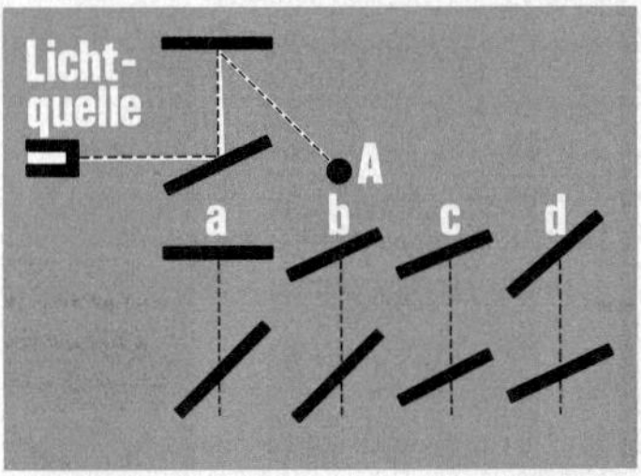

10

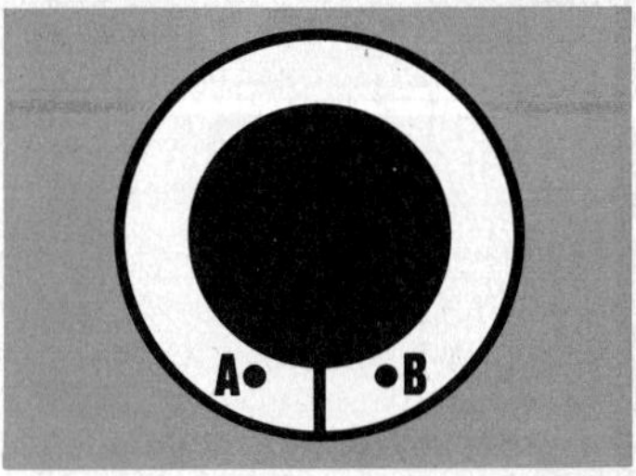

genüber steht ein Heizkörper in Betrieb. Wie zirkuliert die Luft im Raum?

9 Ein Lichtstrahl verläuft dünn gebündelt. Er soll den Punkt A treffen. Wie müssen die beiden Spiegel stehen?

10 Auf einem runden Billardtisch soll eine Kugel auf A so angestoßen werden, daß sie zu B ohne weiteren Stoß rollt. Dabei sei angenommen, daß die Kugel ohne Reibung rollt. A und B trennt eine Wand. Zeichnen Sie den Weg ein!

79 Klartext

Machen Sie sich Gedanken auch über Dinge, für die Sie nicht gerade Fachmann sind. Sie trainieren dabei Ihren „Scharfsinn" und das Kombinieren – vor allem aber regen Sie Ihre Phantasie an. Und das Beste daran ist: Ihre Einfälle sollen nicht beliebig sein, denn sie können gleich an den Fakten überprüft werden. Übrigens geht es hierbei um nichts anderes als um Ihr kritisches Bewußtsein gegenüber Informationen, die Sie ständig in großer Anzahl aufnehmen müssen und gleichzeitig zu verarbeiten suchen.

Wie erklären Sie es, daß . . .

die Geburtenquote in Deutschland in den vergangenen Jahren sank?

Krimis auf die meisten Menschen entspannend wirken?

Kinder im allgemeinen mit drei bis vier Jahren ein sogenanntes „Trotzalter" durchleben?

Fußball auf viele Menschen eine so große Anziehungskraft ausübt?

kleine und große Kinder so wild auf die Heftchen mit Bildergeschichten sind?

sich bisher die „defensive Fahrweise" auf unseren Straßen noch nicht durchgesetzt hat?

berühmte Menschen meist ganz ungewöhnliche Lebensläufe aufweisen?

„mit Musik alles besser gehen" soll?

die Astronauten auf dem Mond schwebend gehen?

die Sexwelle über uns gekommen ist?

Zeitschriften so gern gelesen werden?

Naturwissenschaft und Technik so rasch Ihren Einfluß erweitern?

der Geldwert fast aller Währungen ständig sinkt?

an der Börse die Hausse die Hausse nährt?

Menschen im allgemeinen zu Vorurteilen neigen?

80 Aussagen

Modewörter und häufig verwendete Begriffe sind oft Glückssache. Allzuleicht werden sie falsch oder ungenau gebraucht. Dann ergeben sich unscharfe Sätze und schiefe Bilder, und wenn einer Sie „beim Wort" nimmt, sind Sie blamiert. Üben Sie Definition und Gebrauch solcher Wörter, zum Beispiel beim Zeitunglesen. Was bedeuten eigentlich:

Hit Globetrotter Happening Merkmal Grundsatz Ekstase Wort Fan Halluzination Eigenschaft Meditation Vorsatz Trauma psychedelisch Modell Management Programm Individuum Expressionismus

81 Merkwürdigkeiten

Briefmarkensammler und Optiker, Piloten und Chirurgen müssen nicht allein scharfe Beobachter sein, sie müssen Gesehenes auch sicher behalten und mit anderen Beobachtungen vergleichen können.
Wie steht es im Vergleich dazu mit Ihrer eigenen Merkfähigkeit bei Formen? Trainieren Sie hier Ihr Formengedächtnis zunächst einmal über zwei Buchseiten hinweg.
Lernen Sie zu dem Zweck die vier Formen a, b, c, d einer Aufgabe „auswendig“, bevor Sie die Seite umschlagen. Suchen Sie dann diese Formen aus den entsprechenden 16 Formen auf der nächsten Seite heraus – natürlich möglichst, ohne dabei zurückzublättern.

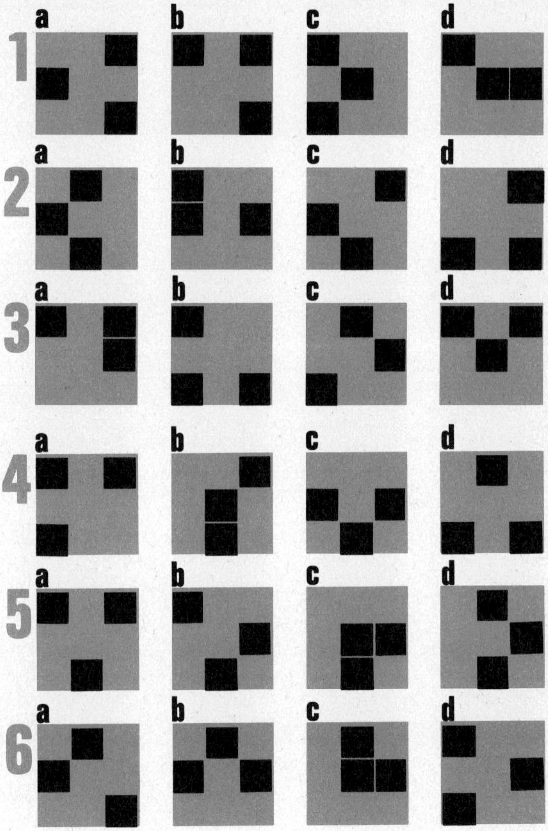

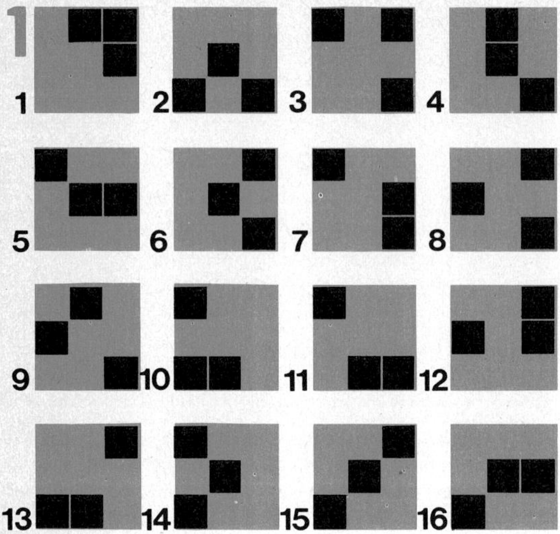
1
1 2 3 4
5 6 7 8
9 10 11 12
13 14 15 16

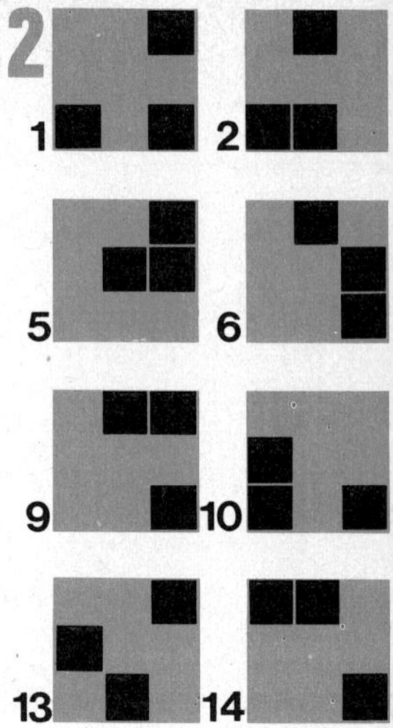
2
1 2
5 6
9 10
13 14

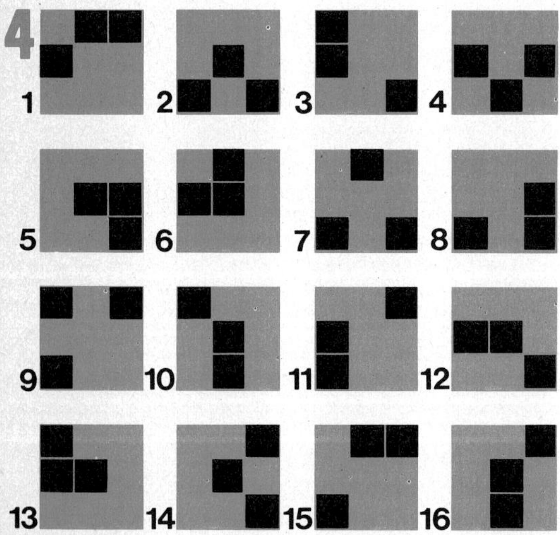
4
1 2 3 4
5 6 7 8
9 10 11 12
13 14 15 16

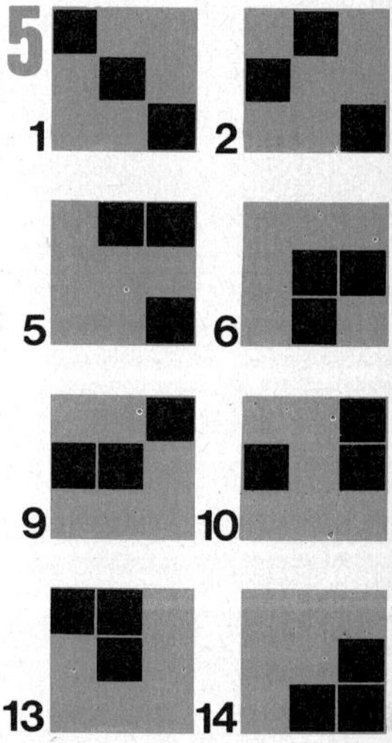
5
1 2
5 6
9 10
13 14

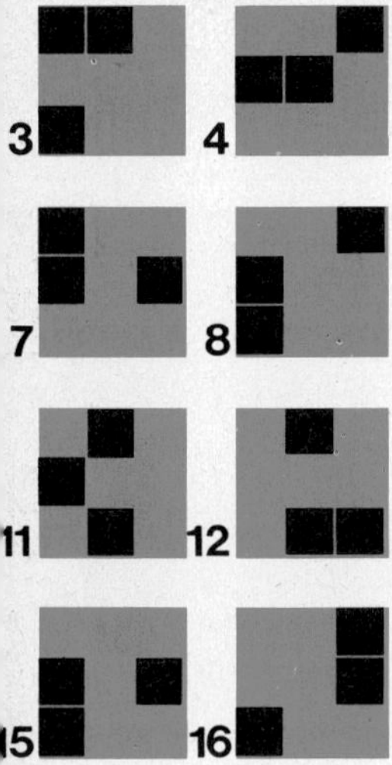
3 4
7 8
11 12
15 16

3

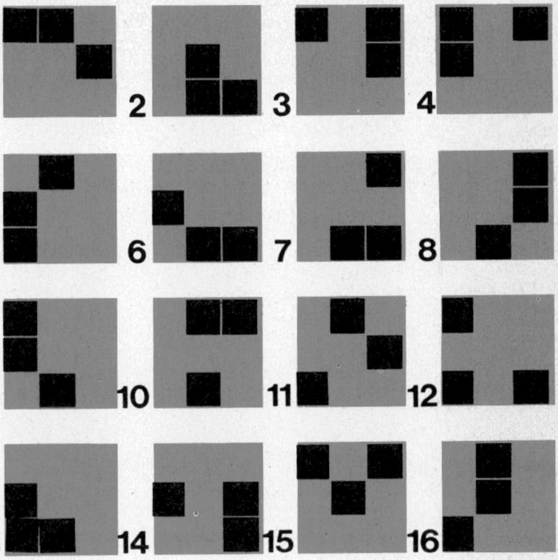
1 2 3 4
5 6 7 8
9 10 11 12
13 14 15 16

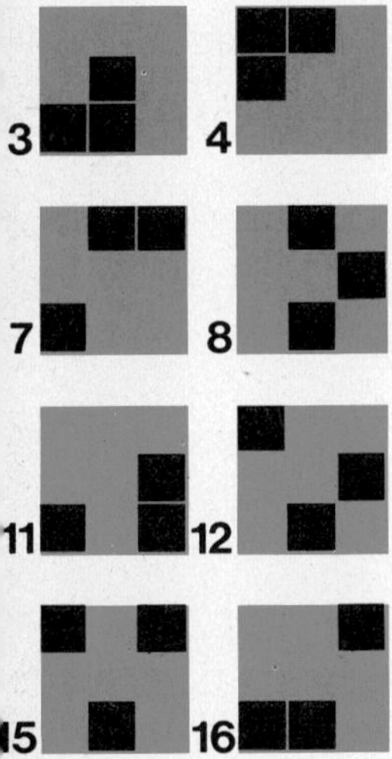
3 4
7 8
11 12
15 16

6

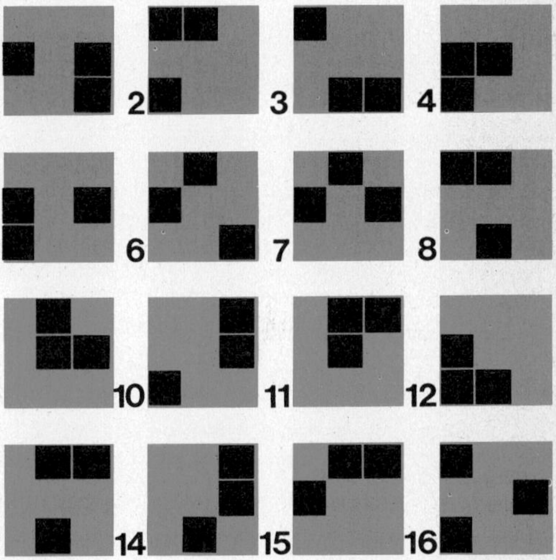
1 2 3 4
5 6 7 8
9 10 11 12
13 14 15 16

Lösungen

1 Zu den Bildern gehören folgende Bildausschnitte:

1 c e; **2** f m s; **3** b i p q; **4** d h k l r; **5** a g n o.

2 ↺ Dieses Symbol verwenden wir im folgenden stets, wenn es keine eindeutig bestimmten Lösungen für die Aufgabe gibt. Lösungen zu dieser Aufgabe können entweder von Ihnen selbst unmittelbar überprüft werden oder lassen sich im Gespräch mit Freunden klären.

3 ↺

4 **1** a c b; **2** c a e b d; **3** f d b e c a; **4** e c d a b.

5 **1** +; **2** ·; **3** + –; **4** – –; **5** · +; **6** : ·; **7** + – +; **8** + – · :; **9** + · : –; **10** · – + :; **11** – + – .; **12** – + – :; **13** – – + + +; **14** + · + · –; **15** · – · + +.

6 Der Reihe nach ergänzen folgende Wörter unseren Text: Warteraum vorsichtig Beamte Arbeitsamts erledigen sagte Beamte da höflich Fabian Mark Wut Fenster Amt behilflich Lektüre einen der zierten Firma Fabian Tagen probieren Zeitungen Sinn beschreien Papiere Tiergarten verfütterte Schwäne Jungen.

7 **A** 1a 2a 3a 4b 5b 6b 7a 8a 9b 10a 11b 12a 13a 14b 15b 16a; **B** 1a 2b 3a 4b 5b 6a 7a 8b 9a 10a 11b 12a 13b 14a 15a 16b; **C** 1c 2d 3a 4b 5d 6b 7c 8a 9b 10a 11d 12c 13a 14c 15b 16d; **D** gleich sind: 1 3 8 10 15; 2 5 9 12 16; 4 6 7 11 13 14; **E** gleich sind: 1 6 12 14; 2 7 9 16; 3 4 10 13; 5 8 11 15.

8 **1** a und d; **2** d und b; **3** a und b; **4** b und a; **5** a und d; **6** c und b.

9 **1** Um 6 kleiner sind: 50 45 39 32 41 45 55 50 49 47 33 46 50 49 30 51; um 5 größer sind: 47 52 51 32 37 58 52 55 60 54 47 52 55 38 43 57 56; **2** um 5 kleiner sind: 10 27 36 20 27 22 30 28 42 25 39 21 34 29; um 4 größer sind: 46 23 27 32 40 38 42 32 35 40 30 39 26 38.

10 ↺

11 **1** a **2** d **3** b **4** e **5** c **6** a **7** e **8** b **9** c **10** d **11** e **12** c.

12 ↺

13 AL = 16mal; EN = 39mal; IE = 22mal.

14 **1** Lieder ohne Worte; **2** Dein erster Vorschlag war der beste; **3** Wenn ich bloß das Zauberwort wiederfände; **4** Hast du leicht hergefunden Liebling? ; **5** Diesmal war ich's aber nicht; **6** Was seid ihr Männer

doch für Schufte; **7** Erhebende Musik; **8** Wo man streicht, da laß dich ruhig nieder.

15 **1** T **2** M **3** M **4** T **5** T **6** M **7** M **8** M **9** T **10** T **11** T **12** T **13** M **14** M **15** T.

16 **1** 7mal; **2** 8mal; **3** 1mal; **4** 3mal; **5** 2mal; **6** 1mal; **7** 5mal; **8** 7mal.

17 **1** C **2** E **3** D **4** B **5** D **6** E.

18 **1** Affe; **2** Jaguar; **3** Hering; **4** Drossel; **5** Dachs; **6** Natter; **7** Panther; **8** Bussard; **9** Marder; **10** Schwalbe; **11** Kamel; **12** Otter; **13** Maus; **14** Delphin; **15** Specht; **16** Ameise; **17** Blauwal; **18** Karpfen; **19** Spaniel; **20** Seehund.

19 ↺ **20** ↺

21 Bücherregal Möbel Couch Fenster Leuchten Bad Türrahmen Häuserblock Heizung Radio.

22 ↺ **23** ↺

24 **1** e; **2** d.

25 **1** c **2** c **3** e **4** b **5** b **6** d **7** b **8** a **9** a **10** c **11** d **12** e.

26 **1** b **2** d **3** a **4** d **5** a **6** b.

27 ↺ **28** ↺

29 **1** c a e d b; **2** e d c a b; **3** b c d e a; **4** d e c a b.

30 ↺

31 **1 A**

8	1	6
3	5	7
4	9	2

1 B

7	4	7	0
6	1	6	5
2	9	2	5
3	4	3	8

1 C

1	15	14	4
12	6	7	9
8	10	11	5
13	3	2	16

1 D

8	3	6	4	6
2	5	7	9	4
8	10	0	3	6
1	4	7	9	6
8	5	7	2	5

1 E

1	3	5	2	4
2	4	1	3	5
3	5	2	4	1
4	1	3	5	2
5	2	4	1	3

2 A

3	2	7
8	4	0
1	6	5

2 B

1	8	15	17	24
12	19	21	3	10
23	5	7	14	16
9	11	18	25	2
20	22	4	6	13

2 C

25	15	23	1
5	19	11	29
3	21	13	27
31	9	17	7

32 **1** a; **2** –; **3** –; **4** d; **5** c d; **6** a; **7** b; **8** d; **9** c; **10** b; **11** d e; **12** d.

33 ↺

34 **1** 36 45 54 63 72; **2** 899 989 998; **3** 12400 13003 13012 13021 13030 13102 13111 13120 13201 13210.

35 **1** L; **2** R; **3** P; **4** K; **5** C; **6** F; **7** T; **8** H; **9** A; **10** M; **11** I; **12** E.

36 ↺

37 Erster Durchgang: Öffnung Gefäß Möbel Gewebe Bodenbelag reinigen Liege Trinkgefäß Sitzmöbel Meßinstrument Zubereitung; zweiter Durchgang: Nicht mehr als zehn Wortgruppen.

38 ↺

39 **1** C C C C; **2** A A D D; **3** A A D D; **4** A A C D; **5** C C D D; **6** B B D D; **7** A C C C; **8** A A C C; **9** A C C C C D D D D; **10** B C C C C D D D D; **11** C C C C C C C C C; **12** C C C C C C C C C C C C D D D D.

40 **1** b; **2** c; **3** d; **4** b; **5** e.

41 ↺ **42** ↺

43 **1** c; **2** b; **3** a; **4** b.

44 **1** 332,55 DM. **2** 40,– DM. **3** Möglichst wenig, am besten gar nichts. **4** Zu Beginn: 250,– DM; nach dem ersten größeren Gewinn: 450,– DM; nach der Pechsträhne: 100,– DM; sie gewann insgesamt: 100,– DM. **5** Geburtstag am 1. 9.; Kapital am Geburtstag: 11 600,– DM. **6** Der Gewinner von 3/7 hat am meisten gewonnen, der Gewinner von 23,8 % am wenigsten. **7** Die Gewinne waren: A 77 000,– DM; B 92 400,– DM; C 20 020,– DM; D 41 580,– DM. **8** Herr Weniger kann siebenmal spielen. **9** 37 500,– DM. **10** Durchschnittlicher Gewinn 3,– DM.

45 ↺

46 Längster Weg: D–B; kürzester Weg: E–B.

47 ↺ **48** ↺

49 Lösungen siehe Seite 121.

50 Die Zeitungsmeldungen haben, der Reihe nach, folgende Überschriften: „Der millionste Gastarbeiter in München empfangen“; „Bankaktien im Mittelpunkt“; „Bauarbeiten in der Forstenrieder Allee“; „7 Millionen für Bio-Medizin“; „Flugzeug verliert Motorenteile“; „Erotisches beschlagnahmt“.

51 ↺ **52** ↺

53 **1** 4; **2** 9; **3** 9 und 3; **4** 31; **5** 9 16 25; **6** 17 und 19; **7** 64; **8** jeweils die mittlere von drei Zahlen; **9** 12; **10** 7 8 9 10 11.

54 ↺ **55** ↺ **56** ↺

57 Lösungen siehe Seite 122.

58 ↺

59 Lösungen siehe Seite 123.

60 ↺

61 **1** Zeile 4: 10 statt 9; **2** Zeile 4: 19 statt 18; **3** Zeile 3: 12 statt 11; Zeile 4: 15 statt 16; **4** Zeile 4: eine beliebige ungerade Zahl statt 18, in der letzten Spalte eine beliebige gerade Zahl statt 19: **5** Zeile 2: in der sechsten Spalte eine 8 statt 7; Zeile 5: 10 statt 12; Zeile 6: 9 statt 10; **6** Zeile 1: 41 statt 71; Zeile 3: 12 statt 18; Zeile 6: 12 statt 18.

62 **1** 2 Sportanlagen: D 4; **2** 6 Kirchen: B/C 1, F 1 (2), C 2, D 2, E4; **3** 10 Brücken: A 2, B 2 (2), C 2, D 2, D 3 (2), D 4, F 2, F 3; **4** Bahnhof: F 4; **5** Größte Wohndichte: D/E 1/2; **6** Geringste Wohndichte: A/B 1; **7** Wochenmarkt: D 1.

63 Straßenverkehr: **1 8 11 18 22;** Journalismus: **2 6 12 20 30;** Spezialbekleidung: **3 13 19 23 27;** Fußballsport: **4 14 21 25 29;** Zahlungsverkehr: **5 9 15 17 26;** Parlamentarismus: **7 10 16 24 28.**

64 ↺

65 a 3mal; **b** 3; **c** 4; **d** 4; **e** 4; **f** 4; **g** 2; **h** 2; **i** 3; **j** 3; **k** 3; **l** 6; **m** 4; **n** 3; **o** 4; **p** 3; **q** 3; **r** 4; **s** 5; **t** 5; **u** 3; **v** 3; **w** 4; **x** 4; **y** 3; **z** 4.
A 4; **B** 5; **C** 3; **D** 2; **E** 3; **F** 3; **G** 2; **H** 2; **I** 2; **J** 3; **K** 3; **L** 3; **M** 3; **N** 3; **O** 3; **P** 4; **Q** 2; **R** 2; **S** 4; **T** 3; **U** 4; **V** 4; **W** 3; **X** 3; **Y** 3; **Z** 4.
1 1; **2** 2; **3** 1; **4** 2; **5** 1; **6** 1; **7** 2; **8** 2; **9** 1; **0** 1.

66 **1** c; **2** c; **3** b; **4** b; **5** c; **6** d; **7** b; **8** e; **9** c; **10** c; **11** c; **12** b; **13** e; **14** b; **15** d; **16** a; **17** b; **18** c; **19** c; **20** e.

67 ↺

68 1 R(egel): + 3 + 3 + 3 + 3;
E(rgebnis): 22 25;
2 R: + 1 + 2 + 1 + 2;
E: 10 12;
3 R: + 1 + 2 + 3 + 4;
E: 29 37;
4 R: + 3 − 1 + 3 − 1;
E: 9 8;
5 R: + 1 − 2 + 3 − 4;
E: 15 7;
6 R: + 2 − 1 + 3 − 2;
E: 8 4;
7 R: + 1 + 2 + 4 + 5 + 7 + 8;
E: 38 49;
8 R: + 1 + 2 + 4 + 8 + 16;
E: 129 257;
9 R: − 3 − 2 + 4 + 2 − 5 − 2;
E: 10 12;
10 R: · 2 + 2 − 2 · 2 + 2 − 2;
E: 16 18;
11 R: + 2 − 3 · 4 + 5 − 6 · 7;
E: 29 20;
12 R: + 1 − 2 · 3 + 1 − 2 · 3;
E: 25 23;
13 R: + 2 · 4 : 2 − 3 + 2 · 4;
E: 22 19;
14 R: − 1 · 2 − 1 · 3 − 1 · 4;
E: 55 275;
15 R: + 10 − 1 + 9 − 2 + 8 − 3;
E: 28 24;
16 R: + 8 − 7 · 6 + 7 − 6 · 5;
E: 41 36;
17 R: − 1 · 2 : 3 − 2 · 3 : 4;
E: 3 12;
18 R: + 1 + 2 − 3 − 4 · 5 + 1;
E: 13 10;

19 R: ·4 – 10·6 – 20·16 –30;
E: 5876 5836;

20 R: :5·4 + 500 : 5·4 + 800;
E: 320 1280;

69 ↺

70 **1** c; **2** b; **3** a; **4** c; **5** b; **6** d; **7** d; **8** a.

71 Folgende Angaben fehlen: **1** a Zeit bei den „Nachmittagsstunden“; b keine zusätzliche Information nötig. **2** Welcher Täter durch den glaubwürdigsten Zeugen belastet wird. **3** Wer bei den Zwillingspaaren zuerst geboren wurde; und: eine Beziehung des siebten, nicht erwähnten Kindes zu den anderen. **4** Wie lange hat Luise unterbrochen? Und: wie lange ist Maxl gefahren oder wie weit ist er gefahren? **5** Daß 36 Stimmen abgegeben worden sind.

72 **2** d; **3** b; **3** e; **4** b; **4** c; **4** f; **5** c; **5** d; **6** c.

73 ↺

74 **1** a Hut b Koffer c Schirm d Mantel e Flugschein f Reisescheck g Paß h Kamera i Brille j Laune **2** a Badereise b Schwimmen c Bräunen d Sonnenöl e Segeln f Entspannung g Tennis h Minigolf i Festival j Süden **3** a Fotos b Souvenirs c Bräune d Erinnerung e Dias f Fernweh g Freundschaft h Tips i Erholung j Erfahrung.

75 ↺

76 **1** d; **2** b, d; **3** a, e; **4** a, b, e; **5** a.

77 ↺

78 **1** b; **2** d; **3** c; **4** c; **5** d; **6** b;
7 A 0 32; B 8 24; C 16 16; D 24 8; **8** B; **9** b;
10 siehe Zeichnung:

79 ↺ **80** ↺

81 **1** a = 8; b = 3; c = 14; d = 5; **2** a = 11; b = 7; c = 13; d = 1; **3** a = 3; b = 12; c = 11; d = 15; **4** a = 9; b = 16; c = 4; d = 7; **5** a = 15; b = 12; c = 6; d = 8; **6** a = 6; b = 7; c = 9; d = 16.

Lösungsbild zu 49

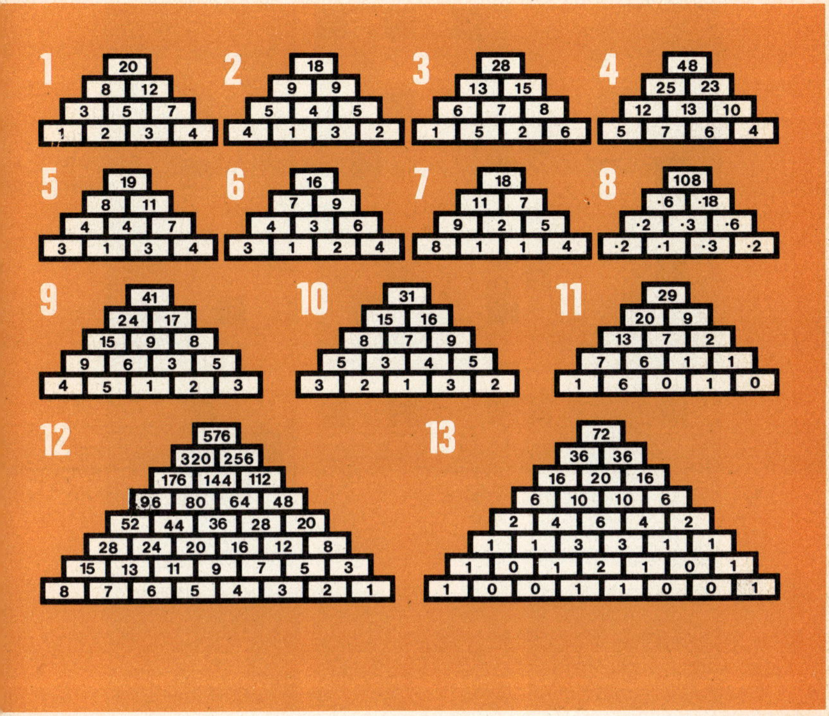

Lösungsbild zu 57

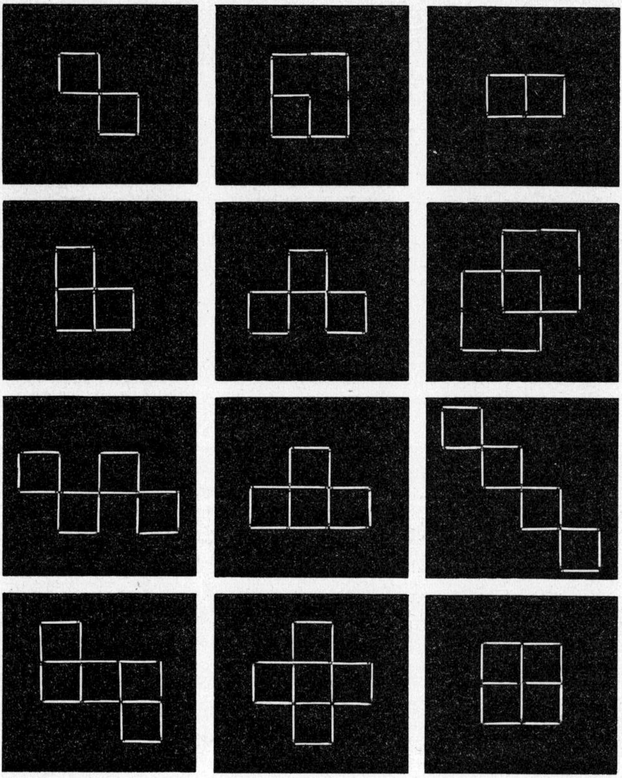

Lösungsbild zu 59

Messen Tests die Intelligenz?

Intelligenztests sind nicht Kinder des 20. Jahrhunderts, sondern so alt wie die Menschheit selbst. Schon immer stellten die Menschen einander Fragen und bewerteten auch die gegebenen Antworten: Und dies ist das Prinzip, nach dem auch heute noch Intelligenztests konstruiert werden. Inzwischen geht es allerdings um einiges wissenschaftlicher zu als damals. Nicht irgendwelche Fragen, sondern ganz bestimmte, geeignete Probleme werden heute ausgewählt und den Probanden vorgelegt. Die Auswahl dieser geeigneten Fragen macht auch heute noch Kopfzerbrechen. Zunächst sammelt der Testkonstrukteur einen bunten Katalog von Fragen. Er hofft dabei, daß die Beantwortung dieser Fragen intelligentes Verhalten voraussetzt. Denn nur dann besteht ja eine Aussicht darauf, daß man mit diesen Fragen die Intelligenz messen kann. Dennoch ist dieser Schritt der Testentwicklung nicht viel mehr als ein Lotteriespiel. Der Testkonstrukteur, meist einer oder mehrere Psychologen, wählen die Fragen nach dem gesunden Menschenverstand aus. Einige Gesichtspunkte der Testtheorie werden aber auch zu diesem Zeitpunkt schon beachtet. Es werden zum Beispiel überwiegend Fragen herangezogen, die einen möglichst unterschiedlichen Schwierigkeitsgrad erwarten lassen; intelligente Probanden sollen ja später im Test viele Fragen beantworten können, weniger intelligente Probanden nur einige. Ebenso wird bedacht, daß die Fragen nicht nur das Schulwissen prüfen. Sonst würde man mit einem Intelligenztest nichts anderes erreichen, als unterschiedliche Schulabschlüsse festzustellen. Es werden also überwiegend Fragen ausgewählt, die wenig gelerntes Schulwissen erfordern. Ein dritter Gesichtspunkt dabei ist, daß keine bestimmten Personengruppen durch die Fragen bevorzugt oder benachteiligt werden sollen. Doch dann beginnt erst die eigentliche Arbeit an der Entwicklung eines standardisierten Intelligenztests.
Von nun an werden bei der Testentwicklung alle Entscheidungen nur noch auf statistischer Basis gefällt. In einem ersten Schritt werden alle Fragen einer großen Gruppe von Probanden vorgelegt. Ihre Antworten sagen etwas aus über die Schwierigkeit der Fragen. Leichte Fragen werden von vielen Probanden beantwortet, schwierige nur von wenigen. So ist es möglich, jeweils zwei bis drei Fragen der verschiedenen Schwierigkeitsgrade aus dem ursprünglichen Fragenkatalog herauszupicken. Gelegentlich erweist es sich allerdings als notwendig, den Fragenkatalog zu erweitern. Dies ist dann der Fall, wenn zu viele Fragen denselben Schwierigkeitsgrad aufweisen. Es muß dann die Analyse des Schwierigkeitsgrades mit den neuen Fragen wiederholt werden. Außer

dem Schwierigkeitsgrad kann man aber bei dieser ersten Analyse auch noch die durchschnittliche Lösungszeit für jede Aufgabe bekommen, die für die Bestimmung der Lösungszeit im Test erforderlich ist. Man mißt dazu die Zeit, die für die Lösung jeder Frage von den Probanden benötigt wurde. Fragen, deren Beantwortung sehr viel Zeit in Anspruch nimmt, werden danach auch oft ausgesondert. Sie erbringen im allgemeinen nicht viel mehr Informationen über den Probanden, verlängern aber die Dauer eines Tests, und das will man vermeiden. Ein langer Test ist unökonomisch für Probanden und Testleiter. Sind nach ein- oder mehrmaligem Anlauf nun alle Fragen in der gewünschten Anzahl zusammengestellt, wird die endgültige Fassung des geplanten Tests festgelegt. Die Fragen werden in eine Reihenfolge gebracht – meist nach ansteigendem Schwierigkeitsgrad – und die Formulierungen der Fragen nochmals überdacht. Auch die Art der Antwort, die der Proband geben soll, ist zu diesem Zeitpunkt bereits bestimmt. Dabei wird gerade bei Intelligenztests überwiegend eine Auswahl der richtigen Antwort aus mehreren anderen Antworten erbeten. Dies hat den Vorteil, daß man bei der Auswertung des Tests eine Schablone über die gegebenen Antworten legen kann. Mit einem Blick läßt sich dann erkennen, wie viele Punkte der Proband erzielt hat.
Wir haben bisher so getan, als ob ein Intelligenztest nur aus einer Aufgabenreihe bestehen würde. Dies ist bei den heute verwendeten Tests in der Regel nicht der Fall. Sie setzen sich aus mehreren Aufgabenreihen zusammen. Aber für jede dieser Aufgabenreihen gilt, was vorhin über die Entwicklung eines Intelligenztests gesagt wurde. Man entwickelt bei einem Intelligenztest also eigentlich gleichzeitig mehrere Tests.
Nun folgt abschließend der für die Testentwicklung entscheidende Schritt: Es müssen verschiedene Probandenstichproben mit zum Teil bis zu 1000 Versuchspersonen an dem Test teilnehmen. Dies ist der eigentliche Grund dafür, daß die Entwicklung von Tests so kostspielig und zeitraubend ist. Aber erst nach dieser großen Untersuchung kann man berechnen, wie viele Aufgaben jeder Aufgabenreihe durchschnittlich gelöst werden. Und dies gilt dann als Maßstab für die durchschnittliche Leistung eines Probanden. Der 1001. Proband, der den Test ablegt, wird verglichen mit der durchschnittlichen Leistung der 1000 früheren, die als Probanden zur Normierung herangezogen wurden.
Aber der durchschnittliche Wert, der von den 1000 Probanden erzielt wurde, ist nicht die einzige Maßzahl, die man aus diesem Versuch erhält. Man kann ja auch berechnen, wie viele Aufgaben von nur 10 Prozent der 1000 Probanden gelöst wurden, wie viele von nur 20 Prozent usw. Damit wird der Vergleichsmaßstab schon sehr präzise.

Nur noch am Rande gehört zur Testentwicklung, daß der so geeichte Test veröffentlicht wird.
Ist denn nun mit diesen Schritten – sie wurden hier allerdings etwas vereinfacht dargestellt – wirklich gesichert, daß man mit einem Intelligenztest Intelligenz mißt? Ja und nein. Tatsächlich hat man einige Kriterien, an Hand derer man Intelligenztests prüft. Etwa die von Probanden erzielten Schulabschlüsse. Wenn man auf Grund eines Testergebnisses mit einiger Sicherheit vorhersagen kann, welchen Schulabschluß ein Proband gemacht hat, so ist dies ein Hinweis dafür, daß der Intelligenztest mißt, was er messen soll. Dabei geht man davon aus, daß ein Proband, der eine umfangreichere Schulbildung absolviert hat, gleichzeitig in einem Intelligenztest mehr Punkte erzielt als Probanden mit weniger umfangreicher Schulbildung. Dies ist natürlich nur im großen und ganzen der Fall. Außer diesem Kriterium Schulleistung gibt es noch eine Reihe anderer, die wir hier jedoch nicht alle aufführen können.
Wir wollen aber noch einen Skeptiker der Intelligenzforschung zu Wort kommen lassen. „Intelligenz ist, was der Intelligenztest mißt“, sagte der Amerikaner Boring. Diese Aussage zeigt die andere Seite des Intelligenztests. Wenn es nicht möglich ist, mit hundertprozentiger Sicherheit anzugeben, was Intelligenz ist, dann kann man auch kaum Fragen stellen, die ausschließlich Intelligenz messen sollen. Doch das wichtigste Kriterium, das man an einen Intelligenztest stellt, bleibt dadurch unberührt. Es ist dies die Vorhersage von Leistungen, die – wie man so sagt – „Köpfchen“ erfordern. Daß mehrere Intelligenztests diese Aufgabe heute schon recht gut erfüllen, ist in zahlreichen wissenschaftlichen Experimenten nachgewiesen.

Die Faktoren der Intelligenz

Mehr oder weniger umstritten sind jedoch immer noch die einzelnen Faktoren der Intelligenz. Denken wir einmal kurz zurück an die Anfänge der Intelligenzforschung und ihre Weiterentwicklung. 1905 veröffentlichten Binet und Simon eine Reihe von 30 Fragen und Aufgaben, die nach ansteigender Schwierigkeit geordnet waren. Sie waren im Auftrage des französischen Unterrichtsministeriums entwickelt zur Auslese schwachbegabter Kinder. 1908 folgte eine Erweiterung dieser Aufgabenreihe auf 49 Fragen, die sich zur Messung der geistigen Leistungsfähigkeit von Kindern im Alter zwischen 3 und 13 Jahren eigneten. Eine Differenzierung nach verschiedenen Leistungsbereichen war innerhalb dieser Skala nicht vorgesehen. Die Anlage der Binetschen

Intelligenzskalen deckte sich recht gut mit der von Spearman ausgearbeiteten Zweifaktorentheorie der Intelligenz. Nach seiner Auffassung konnte man zwei Faktorengruppen unterscheiden: einen allgemeinen Faktor, und für jede Fähigkeit einen spezifischen Faktor. Allgemeine und spezifische Faktoren zusammen ergaben die Intelligenz. Mit Kelley und Thurstone wurde dann ein anderes theoretisches Modell der Intelligenz entwickelt. Voraussetzung dafür war die Entwicklung der Faktorenanalyse. Die Ergebnisse dieser ersten faktorenanalytischen Untersuchungen führten dann zum Begriff der Gruppenfaktoren. In Übereinstimmung mit seiner Theorie entwickelte Thurstone die Tests of Primary Mental Abilities. Sechs relativ voneinander unabhängige Faktoren konnten mit diesen Tests erfaßt werden. Für jeden der verschiedenen Faktoren dienten eigene Aufgabenreihen. Auch heute werden Intelligenztests noch überwiegend auf der Basis der multiplen Faktorenanalyse entwickelt. In einer neueren Untersuchung hat Jäger eine größere Anzahl von unterschiedlichen Aufgabentypen einer Faktorenanalyse unterzogen und danach Faktoren beschrieben, die auch diesem Training zugrunde liegen. Jäger unterscheidet folgende sechs Hauptfaktoren:

Anschauungsgebundenes Denken

Einfallsreichtum und Produktivität

Konzentrationskraft und Tempomotivation, insbesondere bei einfach strukturierten Aufgaben

Verarbeitungskapazität, formallogisches Denken und Urteilsfähigkeit

Zahlengebundenes Denken

Sprachgebundenes Denken

Jeder dieser Faktoren wird, dies legen die Untersuchungen Jägers nahe, durch mehrere Aufgabenreihen gemessen. Es gibt aber auch einige Aufgabenreihen, die über zwei oder mehr Faktoren gleichzeitig Informationen von Probanden abfragen. Die Entwicklung von Aufgabenreihen, die nur einen einzigen Faktor messen – und diesen vollständig –, ist wahrscheinlich in nächster Zukunft nicht erreichbar. Sicher aber weiß man, daß auch die Hauptfaktoren bei späteren Untersuchungen eine weitere Differenzierung mit sich bringen.
So kann man gegenwärtig nur versuchen, zwei grundlegende Forschungsergebnisse zusammen zu sehen: erstens, daß Intelligenz eine veränderliche Größe ist, die trainiert werden kann, und zweitens, daß sich Intelligenz in sehr vielen, zum Teil voneinander nur wenig ab-

weichenden Aufgabentypen anvisieren läßt. Und diese beiden Gesichtspunkte zu vereinen war die Absicht dieses Buches. Sie ist freilich nur dann zum Tragen gekommen, wenn Sie an diesem Training Spaß hatten.

Tabellen

Tabelle A: Grundtraining

Sammeln Sie Punkte. Unter jeder gelösten Aufgabenreihe einen. So sehen Sie, wie es vorangeht.

Tabelle B: Intensivtraining

Ein Training mit Wiederholung. Messen Sie bei jeder Aufgabenreihe Ihre Zeit in Minuten. Tragen Sie die in den leeren Feldern ein. Bei der Wiederholung versuchen Sie dann, Ihre Zeit möglichst weit zu unterbieten.

Tabelle C: Dynamisches Training

Dieser Trainingsplan sieht eine dreimalige Wiederholung der Aufgaben innerhalb von zwölf Wochen vor. Sie brauchen dazu 243 Punkte. Unter jeder Ziffer einen für jede Aufgabengruppe. Dann sind Sie am Ziel.

Tabelle D: Konditionstraining

Beim ersten Durchgang lernen Sie alle Aufgaben kennen, beim zweiten tragen Sie Ihre Bearbeitungszeit ein und unterbieten sich selbst beim drittenmal.

Tabelle E: Systemtraining

Trainieren Sie jeden Intelligenzfaktor für sich. Oder einen, der für Sie besonders wichtig ist. Nach vier Wochen bearbeiten Sie dasselbe am besten noch einmal. In den freien Feldern tragen Sie ein, wie weit Sie schon sind.

Tabelle A: Grundtraining

	1. Tag			2. Tag			3. Tag			4. Tag			5. Tag		
1. Woche	1	2	3	4	5	6	7	8		9	10		11	12	13
2. Woche	14	15	16	17	18	19	20	21		22			23	24	
3. Woche	25	26	27	28	29		30	31		32	33	34	35	36	
4. Woche	37	38	39	40	41		42	43	44	45	46	47	48	49	
5. Woche	50	51		52			53	54	55	56	57		58	59	
6. Woche	60	61	62	63	64		65	66		67	68		69	70	71
7. Woche	72	73		74	75		76	77		78	79		80	81	

Tabelle B: Intensivtraining

	1. Tag	2. Tag	3. Tag	4. Tag	5. Tag
1. Woche	1 2	3 4	5 6	7 8	9 10
2. Woche	11 12 1 4	13 2	14 3	15 16 6	17 18 5
3. Woche	19 8	20 7	21 10	22	23 9 11
4. Woche	24 25 12 13	26 27 14	28 15	29 30 16	31 21
5. Woche	32 33 17	34 35 18 23	36 25	37 22	38 19
6. Woche	39 40 20	41 24 26	42 43 28	44 45 30	46 47 27
7. Woche	48 31	49 29 35	50 51 33	52	53 54 32 34
8. Woche	55 36	56 38	57 31	58 37 39	59 60 40 44
9. Woche	61 62 63 41	64 42 43	65 66 45 46	67 47	68 48 50
10. Woche	69 70 49	71 51 53	72 55	73 54 57	74 56
11. Woche	75 76 58	77 59 60 61	78 62 63 65	79 52	80 81 64
12. Woche	66 67 68	69 70 71	72 73 74	75 76 77	78 79 80 81

Tabelle C: Dynamisches Training

		1. Tag	2. Tag	3. Tag	4. Tag	5. Tag
1. Drittel der Trainingsaufgaben	1.Woche	1 2 3	4 5 6 7	8 9 10 11	12 13 14 15 16	17 18 19
	2.Woche	20 21 22	23 24 25 26 27	28 29 30 31	32 33 34 35	36 37 38 39
	3.Woche	40 41 42 43 44	45 46 47 48	49 50 51	52 53 54	55 56 57
	4.Woche	58 59 60 61 62	63 64 65 66	67 68 69 70 71	72 73 74 75 76	77 78 79 80 81
2. Drittel der Trainingsaufgaben	5.Woche	1 2 3	4 5 6 7	8 9 10 11	12 13 14 15 16	17 18 19
	6.Woche	20 21 22	23 24 25 26 27	28 29 30 31	32 33 34 35	36 37 38 39
	7.Woche	40 41 42 43 44	45 46 47 48	49 50 51	52 53 54	55 56 57
	8.Woche	58 59 60 61 62	63 64 65 66	67 68 69 70 71	72 73 74 75 76	77 78 79 80 81
3. Drittel der Trainingsaufgaben	9.Woche	1 2 3	4 5 6 7	8 9 10 11	12 13 14 15 16	17 18 19
	10.Woche	20 21 22	23 24 25 26 27	28 29 30 31	32 33 34 35	36 37 38 39
	11.Woche	40 41 42 43 44	45 46 47 48	49 50 51	52 53 54	55 56 57
	12.Woche	58 59 60 61 62	63 64 65 66	67 68 69 70 71	72 73 74 75 76	77 78 79 80 81
Dieser Trainingsplan sieht eine Wiederholung in 12wöchigem Rhythmus vor						

Tabelle D: Konditionstraining

	1. Tag	2. Tag	3. Tag	4. Tag	5. Tag
1. Woche	1 2 3	4 5 6	7 8 9	10 11 12	13 14 15
2. Woche	16 17 18	19 20	21 22	23 24 25	26 27 28
3. Woche	29 30	31 32	33 34	35 36	37 38 39
4. Woche	40 1 2	41 42 3	43 44 4 5	45 46 6 7	47 8 9
5. Woche	48 10	49 11 12 13	50 51 14 15	52 16	53 54 17 18
6. Woche	55 19	56 20	57 21 22	58 23 24	59 60 25 26
7. Woche	61 62 63 27	64 28	65 66 29	67 30	31
8. Woche	69 32	70 71 33	72 34 35	73 36	74 37 38
9. Woche	75 39 40	76 41	77 42 43	78 44 45 46	79 47 48
10. Woche	80 49 50 1	81 51 2	52	53 4 5	54 6 7
11. Woche	55 8 9	56 10	57 11 12	58 13	59 60 14 15
12. Woche	61 62 16 17	63 18 19	64 20	65 21	66 22
13. Woche	67 23	68 24 25	69 26 27	70 28	71 29 30
14. Woche	72 31	73 32	74 33	75 34 35	76 36
15. Woche	77 37	78 38	79 39 40	80 41	81 42 43
16. Woche	44 45 46	47 48	49 50 51	52	53 54 55
17. Woche	56 57	58 59	60 61 62 63	64 65	66 67 68
18. Woche	69 70 71	72 73	74 75 76	77 78	79 80 81

Tabelle E: Systemtraining

		1. Tag	2. Tag	3. Tag	4. Tag	5. Tag
	1. Woche	1 11	7	17 24	26 29	32 35
	2. Woche	39	57	43 62	70	72 81
	3. Woche	2 3 10	14 19	22	27 28 30	33 36
	4. Woche	38 42 48	52	55 56	58 67 75	64 73 79
	5. Woche	9	13	16	45 60	65
	6. Woche	8	15 46	54 59	71 76	78
	7. Woche	5 23	31 61	34 49	44 53	68 77
	8. Woche	4 6	12 18	20	21 25	37 40
	9. Woche	41	47 50	51 63	66 69	74 80

Literatur

Bergius, R.: Produktives Denken (Problemlösen). In: Handbuch der Psychologie. Bd. 1, Halbbd. 2, Göttingen 1964. S. 519–563
Bloom, B. S.: Stability and Change in Human Characteristics. New York 1964
Duncker, K.: Zur Psychologie des produktiven Denkens. Berlin 1935
Guilford, J. P.: The Structure of Intellect. In: Psychological Bulletin. Jg. 53 (1956). S. 267–293
Guilford, J. P.: Persönlichkeit. Weinheim (Bergstraße) 1964
Hunt, J. McV.: Intelligence and Experience. New York 1961
Meili, R.: Lehrbuch der psychologischen Diagnostik. Bern 1964
Thomson, R.: The Psychology of Thinking. Baltimore 1959
Vinacke, W. E.: The Psychology of Thinking. New York 1952
Wertheimer, M.: Produktives Denken. Frankfurt a. M. 1957

Quellen

Texte

Henry, H.: Was der Verbraucher wünscht. In: Die Praxis der Motivforschung Düsseldorf 1960: S. 70
Kästner, Erich: Fabian. Stuttgart 1930: S. 24
Landmann, Salcia: Jüdische Witze. München 1963: S. 22
Das neue Frankfurt, 1/1928: S. 63
Rauch, K.: Sprichwörter der Völker, Düsseldorf 1963: S. 28
Der Spiegel, 44, 45/1969: S. 64
Süddeutsche Zeitung, 28.11.1969: S. 74 f
Die Zeit, 45/1969: S. 63

Bilder

Brugger, Albrecht, Stuttgart: S. 92/93
CTK, Prag: S. 15
Keystone, München: S. 25
National Aeronautic and Space Administration, Pasadena: S. 18/19
Nett, Toni, Stuttgart: S. 51
Paramount: S. 43 (2)
Peynet, Raymond: Mit den Augen der Liebe. Reinbek 1966: S. 34–36
Röhnert, Berlin: S. 43 (1)
Süddeutscher Verlag, Bildarchiv, München: S. 59, 85
Today's Health, 10/1963: S. 8
United Artists: S. 43 (4)

Das Konzentrationsprogramm. Konzentrationsschwäche überwinden – Denkvermögen steigern [7099]
Intelligenz macht Schule. Denkspiele zur Intelligenzförderung für 8- bis 14jährige [7155]

SUSANNE VON PACZENSKY
Der Testknacker. Wie man Karriere-Tests erfolgreich besteht [6949]

DR. L. & L. PEARSON
Psycho-Diät. Abnehmen durch Lust am Essen [7068]

LAURENCE J. PETER
Das Peter-Programm. Der 66-Punkte-Plan, mit dem man Problemen, Pannen und Pleiten Paroli bieten kann [6947]

FRIEDRICH H. QUISKE / STEFAN J. SKIRI / GERALD SPIESS
Arbeit im Team. Kreative Lösungen durch humane Arbeitsform [6926]

FERDINAND RANFT
Ferienratgeber für die Familie. [7279]

ALEKSANDR ROŠAL / ANATOLIJ KARPOV
Schach mit Karpov. Leben und Spiele des Weltmeisters [7149]

GÜNTHER H. RUDDIES
Testhilfe. Testangst überwinden. Testerfolge erzielen in Schule, Hochschule, Beruf [7082]

WOLF SCHNEIDER
Wörter machen Leute. Magie und Macht der Sprache [7277]

HANS HERBERT SCHULZE
Lexikon zur Datenverarbeitung. Schwierige Begriffe einfach erklärt [6220]

HANS SELYE
Stress. Lebensregeln vom Entdecker des Stress-Syndroms [7072]

JACQUES SOUSSAN
Pouvez-vous Français? Programmierte Übungen zum Verlernen typisch deutscher Französischfehler [6940]

SIEGFRIED STERNER
Die Kunst zu wandern. Wann, wie und womit Wandern zum Erlebnis wird [7089]

HELMUT STEUER / CLAUS VOIGT
Das neue rororo Spielbuch. [6270]

SIEGBERT TARRASCH
Das Schachspiel. Systematisches Lehrbuch für Anfänger und Geübte [6816]

THE BOSTON WOMEN'S HEALTH BOOK COLLECTIVE
Unser Körper – Unser Leben. Our Bodies, Ourselves. Ein Handbuch von Frauen für Frauen. Bd. 1 [7271], Bd. 2 [7272]

J. N. WALKER
Juniorschach 1. Die ersten Züge. Eröffnungsspiele spielend gelernt [7144]
Juniorschach 2. Angriff auf den König. Mittelspiele spielend gelernt [7145]

W. ALLEN WALLIS / HARRY V. ROBERTS
Methoden der Statistik. Anwendungsbereiche. 400 Beispiele, Verfahrenstechniken [6091]

DR. HEINRICH WALLNÖFER
Besser als tausend Pillen. Ratgeber der Gesundheitspflege. Mittel und Methoden zur gefahrlosen Selbstbehandlung im Krankheitsfall. Mit 100 Abb. im Text und 10 Tabellen [6152]

BERND WEIDENMANN
Diskussionstraining. Überzeugen statt überreden, Argumentieren statt attackieren [6922]

MARTIN F. WOLTERS
Der Schlüssel zum Computer. Einführung in die elektronische Datenverarbeitung. Eine programmierte Unterweisung.
Band 1: Leitprogramm [6839]
Band 2: Textbuch [6840]

Kaufmännisches Grundwissen strukturiert.
Der Schlüssel zum Industriebetrieb

Band 1: Struktur des Unternehmens und Stellung [7110]

Band 2: Entscheidungen im Beschaffungs-, Produktions- und Absatzbereich [7111]

Band 3: Entscheidungen im Finanzbereich und großer Schlußtest mit Planungsbeispiel [7112]

Kaufmännisches Grundwissen strukturiert.
Der Schlüssel zur Bilanz [7113]

Kaufmännisches Grundwissen strukturiert.
Der Schlüssel zur Betriebswirtschaft [7135]

Der Schlüssel zur Kostenrechnung von Walter Zorn. [7253]

Der Schlüssel zum Programmieren von Claus Jordan und Manfred Bues, Band 1: Textbuch [7314], Band 2: Leitprogramm [7315] handbuch rororo

Zum Nachschlagen und Informieren

Handlexikon zur Literaturwissenschaft

Hg. von Diether Krywalski. Band 1: Ästhetik–Literaturwissenschaft, materialistische [6221]. Band 2: Liturgie–Zeitung [6222]

Lexikon der Archäologie

Warwick Bray / David Trump
Band 1: Abbevillien–Kyros der Große
Band 2: Labyrinth–Zweitbestattung
Mit 94 Abb. auf Tafeln u. zahlr. Textillustrationen [6187 u. 6188]

Lexikon der griechischen und römischen Mythologie

von Herbert Hunger mit Hinweisen auf das Fortwirken antiker Stoffe und Motive in der bildenden Kunst, Literatur und Musik des Abendlandes bis zur Gegenwart [6178]

Begriffslexikon der Bildenden Künste

in 2 Bänden. Die Fachbegriffe der Baukunst, Plastik, Malerei, Grafik und des Kunsthandwerks. Mit 800 Stichwörtern, über 250 Farbfotos, Gemäldereproduktionen, Konstruktionszeichnungen, Grundrissen und Detailaufnahmen.
Band 1: A–K [6142]
Band 2: L–Z [6147]

Künstlerlexikon

985 Biographien der großen Maler, Bildhauer, Baumeister und Kunsthandwerker. Mit 290 Werkbeispielen, davon 245 in Farbe. Bd. 1 [6165]; Bd. 2 [6166]

Comics-Handbuch

von Wolfgang J. Fuchs und Reinhold Reitberger. Das «Comics-Handbuch» bietet viel Anschauung, sachliche Informationen und Analysen; es gibt Interpretationshilfen und vermittelt Bewertungsmaßstäbe für alle, die sich aus Neigung oder Beruf mit Comics befassen. [6215]

Lexikon der Kunststile

in 2 Bänden. Mit 322 Abbildungen, davon 253 in Farbe. Band 1: Von der griechischen Archaik bis zur Renaissance [6132]; Band 2: Vom Barock bis zur Pop-art [6137]

Lexikon der Weltarchitektur

in 2 Bänden. Hg. von Nikolaus Pevsner, John Fleming und Hugh Honour. Auswahl und Zusammenstellung der Bilder Dr. Walter Romstoeck. Mit über 1000 Abbildungen. Band 1: A–K [6199]; Band 2: L–Z [6200]

rororo Schauspielführer von Aischylos bis Peter Weiss

Hg. von Dr. Felix Emmel. Mit Einführungen in die Literaturepochen, in Leben und Werke der Autoren; 100 Rollen- und Szenenfotos. Anhang: Fachwörterlexikon, Autoren- und Werkregister [6039]

rororo Musikhandbuch

Band 1. Musiklehre und Musikleben [6167]; Band 2. Lexikon der Komponisten, Lexikon der Interpreten, Gesamtregister [6168]

792/10–10a

873/6–6a